달라이 라마, 명상을 말하다

┃ 일러두기

- 각주는 모두 역자주입니다.
- 이 책에 나오는 표기법은 국립국어원의 맞춤법 규정에 기초합니다. 다만 티베트 인명이나 지명, 불교 용어 등은 역자가 추천한 방식을 따랐습니다.
- 표지 사진 : ⓒ 연합뉴스

THE HEART OF MEDITATION: DISCOVERING INNERMOST AWARENESS

by The Dalai Lama. Translated and edited by Jeffrey Hopkins

ⓒ by The Dalai Lama Trust

Korean translation copyright ⓒ Dam&Books, 2017

Published by arrangement with Shambhala Publications, Inc.,

Boulder through Sibylle Books Literary Agency, Seoul

THE HEART OF MEDITATION

DISCOVERING INNERMOST AWARENESS

달라이 라마, 명상을 말하다

달라이 라마 지음 | 제프리 홉킨스 편역 | 이종복 옮김

담앤북스

2016년 6월 초, 나는 너무나도 따뜻한 환대를 받으며 한국에 입
국했다. 이종복 교수는 달라이라마 방한준비위원회와 함께 세
사찰과 두 대학 그리고 네 번에 걸친 대중매체 인터뷰까지 매우
바쁜 한 주를 계획해 놓았다. 그 결과, 나는 어느 여행가보다도
값진 시간을 한국에서 보낼 수 있었다. 나는 지혜롭고 친절한 불
교 지도자들과 불교의 다양한 주제에 대해서 토론하기 위해 미
팅을 했고, 티베트불교의 수행법에 대해 이야기하면서 청중들
의 눈과 가슴을 들여다보았다. 그리고 이 여러 장소로 차를 타고
이동하면서 나는 서울의 다채로운 건물과 언덕들에 감명을 받
았다.

    그러나 무엇보다도 감명 깊었던 것은 아주 오랜 시간을 바쳐

수행하며 붓다의 가르침을 다른 이들에게 펴 온 다양한 수행 전통의 사람들과 만날 수 있었다는 것이다. 마치 이전부터 알고 있었던 것처럼, 우리는 서로를 재빨리 이해할 수 있었다. 잊지 못할 기억이다.

달라이라마 존자께서 가르치신 이 책에 대한 인터뷰를 하기 전날 밤, 나는 이 책을 다시 읽기 시작했으며, 아주 깊게 몰두해서 읽다 보니 명상을 할 수밖에 없게 되었다. 이것이 내가 할 수 있는 최고의 추천이 아니겠는가!

제프리 홉킨스
1979년부터 10년 동안 달라이라마의 통역사
버지니아대학교 티베트학 명예교수

이 책은 달라이라마 성하께서 대완성 수행 전통의 명상법에 대해 내게 직접 사사하신 것을 정리한 아주 특별한 책이다. 달라이라마께서는 1984년 여름 런던에서 매우 깊은 식견을 가진 티베트의 명상 수행자 빠뚤 린뽀체가 쓴 시를 강의할 준비를 하기 위해 인도의 다람살라에 있는 당신의 처소로 나를 부르셨다. 당시 나는 달라이라마의 공식 통역사라는 소임을 맡고 있었기 때문에 대중 강연을 하기 전에 나를 먼저 가르치신 것이다. 그때 달라이라마께서 사사하신 가르침들과 런던 캠든 센터에서 하신 대중 강연을 엮어 이 책을 만들었다. 이 가르침들은 지나치게 많은 생각의 장막을 뛰어넘는 심연의 상태로 독자들을 이끌어 가장 심오한 의식의 발가벗은 정수 속에 들어갈 수 있도록 이끌어 준다. 이 책의 목표는 생각과 생각 사이의 틈을 이용해서 근본 의식의 보다 깊은 수준을 경험하도록 하고, 이 경험을 전면에 내세워 모든 의식적 경험의 바탕을 깨닫도록 하고자 하는 것이다.

이 책은 네 부분으로 구성되어 있다. 1부에서 달라이라마께서는 자비를 가르치신다. 이 책의 마지막 부분에서 달라이라마께서는 빠뚤 린뽀체의 시의 정수를 뽑아내어 모든 중생들에 대한 동감과 사람과 대상 등 모든 현상의 본질에 대한 지혜를 수행하도록 가르치신다. 1부에서 가르치시는 것은 이 수행을 쉽게 이해하고 실천할 수 있게 하는 맥락인 자비에 대한 매우 간솔한 가르침이다.

2부에서는 대완성의 사상을 소개하시면서, 가장 심오한 의식이 티베트불교의 모든 종단에 있어 공통인 근본 원칙이라고 말씀하신다. 3부에서는 세 가지 핵심 메시지를 담고 있는 세 개의 열쇠인 가장 심오한 의식을 자기 자신 속에서 발견하고 확인하는 방법, 모든 심리 상태 속에서 가장 심오한 의식과의 연결을 유지하는 방법 그리고 지나치게 많은 잡생각으로부터 벗어날 수 있게 하는 방법을 가르치신다. 이를 통해 빠뚤 린뽀체가 감흥을 받아 즉흥적으로 읊은 시의 의미를 깊고 넓게 확장시키신다.

책을 읽으면서 첫 세 부분 모두를 관통하는 공통점을 쉽게 찾을 수 있을 것이다. 모든 중생에게로 자비심을 확장시킴으로써 당신에게 일어나는 셀 수 없이 많은 비생산적인 생각과 행동으로 이끄는 장벽들을 허물며 또한 마음, 자기 자신 그리고 대상의 본성을 탐구함으로써, 이 달콤하지만 쓸모없는 생각들의 공고한 구조물을 부수어 생각과 생각 사이의 틈을 보고, 이를 이용해 더 심오한 마음이 드러나도록 하는 것이다.

4부에서 달라이라마께서는 세속적인 진리와 절대적인 진리의 두 가지 진리(이제二諦), 본래청정本來淸淨, 내향적-외향적 빛남, 분별 개념의 점차적 소멸과 가장 심오한 의식의 점진적 발현 그리고 모든 의식 속에서 가장 심오한 의식을 찾아내는 방법 등 보다 특별한 주제를 가르치신다. 이 네 부분은 유기적으로 연결되어 있다. 따라서 네 부분 가운데 어디서부터 시작해서 읽어도 무리가 없을 것이다.

달라이라마의 강연을 통역하기 위해 런던의 캠든 센터에 머물렀던 것이 가장 흥미로운 일이었다는 것을 첨언하고 싶다. 내 양가 조상은 홉킨스와 애덤스이다. 이 두 가계는 모두 18세기 중엽 독립혁명 때부터 미국에 있었으며, 그 가계는 영국까지 거슬러 간다. 내가 조상의 고향, 즉 영국에 흥미가 있었던 것은 영국과 어떠한 유대감을 느끼지 않을까 궁금해서였다. 달라이라마는 평화주의자이며, 세계교회주의자이고, 여성인권보호 운동가인 맨체스터 성당의 주임 사제 에드워드 카펜터 목사(1974~1986년 역임)와 그의 아내 릴리언의 집에 머물고 계셨다. 나는 이 두 분이 참으로 마음이 따뜻하고 깨인 분들이라는 것을 금방 알 수 있었다. 나는 그 집에서 몇 블록 떨어진 리버럴 클럽에 머물게 되었다. 달라이라마께서 머무시는 집까지 오려면 도닝 스트리트를 지나야 했는데, 여기에는 영국 수상의 거처와 집무실이 있었다. 가끔 나는 장난기가 발동해 10번가를 향해 몇 걸음 나아간 뒤 경호원들이 주의를 기울일 만큼 오래 서 있다가면 어떨까 하는 생각을 했다.

7월 2일, 나는 릴리언 카펜터 여사에게 웅장한 웨스트민스터 대성당의 안내를 받으며 즐거운 대화를 나누었다. 정말 마음이 잘 맞는 친구와 같이 걸으며 거대한 기념비들에 새겨진 영국 지도자들의 역사를 읽었다. 카펜터 부인과 함께하는 시간은 점점 나를 편안하게 해 주었지만, 그곳을 걸으며 나는 점점 내 조상들에게서 멀어지는 느낌을 받았다.

그다음 날, 나는 웨스트민스터 대성당으로 돌아와 달라이라마를 위해 통역했다. 소년 합창단이 천사와 같은 목소리로 부르는 노랫소리를 배경으로 달라이라마께서 소개되었다. 달라이라마께서 대성당에 모인 대중들에게 티베트어로 한 첫마디는 이러했다.

"저는 이 건물에 괘념치 않습니다."

그러고 나서 그는 아래에서 천장까지 손을 살짝살짝 흔들어 훑으며 그가 이 웅장한 대성당을 의미한다는 것을 보였다. 이 말씀이 사실상 그가 런던에서 한 첫 대중 강연의 첫마디였다. 더 이상 말씀을 하지 않으셔서 나도 가만히 있을 수밖에 없었다. 달라이라마께서 어느 쪽으로 말씀을 하실지, 무엇이 따라올지 맥락에 대한 감을 전혀 잡을 수 없었다. 나는 라마들이 말씀하시는 것을 문자 그대로 정확하게 통역해야 한다고 굳게 믿는 사람이지만, 맥락을 알면 문맥에 맞게 몇 가지 단어를 선택할 수 있다고 생각한다. 그러나 여기 이 자리에서는 아무 감을 잡을 수 없었다. 그래도 나는 이 성공회 성당을 청중들이 얼마나 소중하게 여기고 있는지는 알 수 있었다. 그러나 달라이라마께는 그것이 문제가 되지 않는 것 같았다. 달라이라마께서는 그렇게 말씀하셨고, 나 역시 말씀하신 그대로 통역해야 했다. 이번이 달라이라마의 두 번째 영국 방문이었지만, 첫 번째는 강연을 위한 것이 아니었기에 듣는 청중들 역시 감을 잡을 수 없었다.

대중들의 반응은 밋밋했다. 대중의 표정을 훑어보니, 마치 달라이라마께서 아직 한마디도 안 하신 듯했다. 달라이라마께서 말씀을 이으셨다.

"제가 관심을 가지고 있는 것은 당신의 마음속, 당신의 가슴속에서 어떤 일이 일어나고 있는가입니다."

요즘 이런 말씀을 하셨더라면 사람들이 단박에 알아차리고 깊이 공감할 터인데 그때 웨스트민스터 대성당에서는 그렇지 않았다. 그들은 여전히 반응을 보이지 않았다. 어떤 감흥이 있었다면 아마 그들의 마음속 어딘가에서였을지도 모르겠다. 그럼에도 청중들이 들을 준비가 되어 있다는 것은 확실했다.

달라이라마께서는 당신의 마음에 있는 생각을 진솔하게 말했고, 세계는 점차 우리의 내면을 들여다보라는 이 놀라운 한 사람의 말에 귀 기울이기 시작했다. 달라이라마의 메시지는 예나 지금이나 한결같지만, 다른 점이라면 그가 세계의 스승이 되어가면서 그 메시지를 점점 더 자세히 풀어 놓는다는 것이다.

재미있는 일화를 하나 소개하고자 한다. 런던에 도착하기 전 달라이라마와 그의 일행은 에딘버그, 글래스고, 코번트리 등을 여행하셨다. 여행을 하면서 "달라이라마께서 7월 5일에 로열앨버트홀에서 강연하실 예정이다!"라는 소리를 하도 들었더니 나중에는 대영제국의 "와우!홀"로 들릴 정도였다. 도착해 보니 로열앨버트홀은 정말 감탄사가 저절로 나올 만큼 훌륭했다. 다섯 개의 원형 발코니가 무대를 감싸고 있어서 어느 자리 하나 무대에서 가깝지 않은 곳이 없었다. 무대에 있는 사람과 정말 가깝게 느낄 수 있었다. 무대는 청중을 향해 둥그렇게 뻗쳐 있어서, 청중들이 팔꿈치를 괼 수 있을 정도였다. 달라이라마와 내가 가운데 앉아 있었는데, 왼쪽 첫 번째 줄에 있던 사람이 강연이 2/3쯤 지났을 때 청량음료(소다) 캔을 땄다. '딱' 소리와 함께 많은 거품이 넘쳐흘렀다. 달라이라마께서는 늘 그렇듯 그러한 소동에 어떠한 미동도 보이지 않으셨지만, 나는 달라이라마를 보호하기 위해 제일 가까이 있는 사람이라는 것을 늘 의식하고 있었기 때문에, 벌떡 일어나 달라이라마의 곁으로 다가가 행여나 그 사람의 소다 캔 거품이 달라이라마를 향해 뿜어져 나오지 않을까 걱정하고 있었다. 걱정과는 달리 행사는 무탈하게 끝났고, 달라이라마의 강연도 별일 없이 마무리되었다. 주임 사제가 송별사를 했고, 우리가 무대 뒤로 나갈 때 나는 몇몇 티베트 경호원들에게 청량음료(소다) 캔을 들고 첫 번째 줄에 앉아 있는 사람을 조심하라고 속삭였다. 경호원들은 내 말을 '칼(소드)'로 잘못 알아듣고는 특별 경계 모드에 들어갔다. 후에 나는 말을 정확하게 하지 않은 것 때문에 혼도 나고 놀림도 받았다.

청중으로부터 좋은 반응을 얻은 로열앨버트홀의 "마음의 평화, 행동 속의 평화"라는 강연을 뒤로하고, 달라이라마께서는 런던의 캠든 센터에서 4일에 걸쳐 불교의 중심 주제인 연기법에 대한 세미나를 주재하셨다. 그리고 그 세미나의 끝에 다섯 번에 걸쳐 이 책의 중추인 빠뚤 린뽀체의 시에 대해 강연하셨다.

이 책은 티베트의 자비 사상과 실용성이 버무려진 명상적이고 사색적인 문화에 대한 깊은 조예를 담고 있다. 이는 아시아 전반에 걸쳐 지대한 영향을 미쳐 온 위대한 티베트 문명이 어떻게 세상을 이롭게 하는지를 보여 주는 아주 좋은 예라고 할 수 있다.

제프리 홉킨스
우마 티베트 불학 연구소UMA Institute of Tibetan Studies 소장
버니지아대학교 티베트학 명예교수

구역파와 신역파의 비교

1부

불교도의 길

1   나의
관심

세상의 대부분은 전자 기기를 이용한 소셜 네트워크와 매순간 새롭게 쏟아지는 뉴스의 그물로 연결되어 있다. 21세기 우리의 세계 경제는 국가들과 그 국가의 국민들을 더욱더 상호 간에 의존하지 않으면 살 수 없게 만들고 있다. 옛날에는 국가 간의 무역이 그다지 필요하지 않았다. 그러나 오늘날에는 고립되어서는 살 수 없게 되었다. 그래서 국가들이 서로 존중하지 않는다면, 늘 문제가 일어날 수밖에 없다. 가난한 나라와 부자인 나라 사이에 그리고 국가 안의 가난한 계층과 부자인 계층 사이에 심각한 문제의 징조가 있지만, 이러한 경제적 이해의 차이들은 보다 강력한 세계적인 상호 의존에 대한 인식과 책임의식이 치유의 해결책일 수 있다. 한 국가의 국민은 반드시 다른 국가의 국민 그리고 자국의 다른 국민을 자유롭게 발전할 권리를 가진 형제자매처럼 여겨야 한다.

　세계 지도자들의 최선의 노력에도, 세계는 곳곳에서 눈물을 쏟아 내고 있다. 전쟁이 무고한 사람들을 죽이고, 노인과 아이들이 끊임없이 죽어 나간다. 많은 군인들이 다른 이들의 의지로 죽음의 전쟁터로 내몰렸다. 진짜 괴로움은 우리가 아니라 이 병사들이 겪고 있다는 사실은 무척 슬픈 일이다. 강대국이 만들어 내는 수만 가지의 무기와 탄약이 전 세계에 판매되어 폭력을 부채질한다. 그러나 그보다 훨씬 더 위험한 것은 증오, 자비의 부재 그리고 타인의 권리에 대한 존중이 없다는 것이다. 증오가 인류의 마음에 존재하는 한, 진정한 평화는 불가능하다.

　우리는 우리가 할 수 있는 모든 노력을 다 해서 전쟁을 멈춰야 하고, 핵무기를 폐기시켜야 한다. 세계에서 처음으로 원자폭탄이 투하된 히로시마를 방문해서 핵폭탄이 실제로 떨어진 현장과 생존자들의 이야기들을 접했을 때, 마음이 몹시 아팠다. 얼마나 많은 사람들이 단 한순간에 사라졌던가! 얼마나 많은 사람들이 다쳤던가! 얼마나 더 많은 고통과 슬픔을 핵무기가 만들어 내고 있는가! 아직도 얼마나 많은 자본이 그럼에도 더 많은 대량 살상 무기를 만들기 위해 투자되고 있는가! 매우 충격적이고 수치스러운 일이다.

　과학과 기술의 진보는 실제로 인류에 큰 이익을 줬지만, 그 대가가 없던 것은 아니다. 예를 들어, 우리는 세계 여행을 할 수 있게 해 주는 제트 비행기의 개발을 향유하고 있다. 반면에 과학과 기술은 또한 대량 파괴 무기를 만들어 냈다. 그들의 조국이 얼마나 아름답든 간에, 얼마나 멀리 떨어져 있건 간에 많은 사람들이 현존하는 위협을 끊임없이 두려워하며 살고 있다. 수많은 핵무기가 서로를 노리거나, 공격할 준비가 되어 있거나 혹은 핵무기가 도시로 밀반입되기도 한다. 그러나 인류는 이들 무기를 해체해야 하며, 따라서 인간의 의지에 궁극적인 책임이 있다.

　오래 지속될 평화를 성취하기 위한 유일한 방법은 상호 간의 신뢰, 존중, 사랑 그리고 다정함이다. 이것이 인류가 살 수 있는 유일한 길이다. 세계 강대국들이 핵무기, 화학 무기, 생체 무기 또는 가장 전통적인 무기 등 무기 증강 경쟁을 통해 서로의 머리 위에 올라가려고 기를 쓰는 것은 역효과를 불러일으킬 뿐이다. 세상에 증오와 분노가 가득한데 진정한 평화를 이룩할 수 있을까?

　외적인 평화는 내면의 평화 없이는 불가능하다. 외적인 해결을 위해 노력하는 것은 존경할 만하다. 그러나 사람들이 증오와 분노를 마음에 담고 있는 한 이러한 외적인 해결 방법을 성공적으로 실천에 옮기기는 쉽지 않을 것이다. 우리의 마음이 진정한 변화를 시작해야 할 곳이다. 개개인으로서 우리는 우리의 감정의 근거로 작용하는 근본적인 시각들을 변화시킬 수 있도록 노력해야 한다. 이는 오직 수행을 통해서만 가능하다. 우리들 자신과 타인을 바라보는 방식을 점차적으로 바꾸겠다는 목표를 가지고 수행을 해야 한다.

우리의 세계가 직면한 절망스러운 상태가 우리에게 행동에 옮길 것을 요청하고 있다. 우리 하나하나가 인류 공통의 인간애의 보다 깊은 차원에서 세상을 도우려고 노력할 책임이 있다. 불행하게도 인류애는 너무나 자주, 이데올로기를 수호한다는 명목하에 무시되어 왔다. 이는 절대적으로 잘못된 것이다. 정치 제도들은 사실상 인류에게 이익을 주기 위해 존재해야만 한다. 그러나 돈이 그렇듯, 우리를 돕는 것이 아니라 부려먹는다.

만일 따뜻한 마음과 인내심으로 타인의 관점을 인정하고 차분하게 의견을 교환한다면 서로 공감할 부분을 찾아낼 수 있을 것이다. 인류를 향한 사랑과 연민의 마음으로 국가들, 사상들, 문화들, 민족들 그리고 경제, 정치, 체계 사이의 조화를 찾을 의무가 있다.

우리가 모든 인류가 하나라는 것을 진정으로 인정할 때, 평화를 찾기 위한 우리의 동기는 점점 더 강해질 것이다. 진심으로, 우리는 진정 형제자매이다. 따라서 우리는 서로의 괴로움을 감싸 안아야 한다. 상호 간의 존중, 신뢰 그리고 서로의 행복에 대한 염려가 세계 평화를 지속시킬 마지막 희망이다.

물론 국가의 지도자들은 이 부분에 대해서 특별한 책임이 있다. 그러나 우리들 역시 각자의 종교를 떠나 이 평화를 향한 움직임에 앞장서야 한다. 우리가 인간이라는 것이 그리고 우리 모두가 행복을 찾고 괴로움을 피하고 싶어 한다는 것이 우리가 이 지구라는 행성의 거주민임을 말하고 있다. 우리 모두가 보다 나은 미래를 만들 책임이 있다.

친절한 태도, 따뜻한 마음, 타인의 권리에 대한 존중 그리고 다른 이들의 행복에 대한 염려를 제대로 하기 위해서는 우리의 마음을 길들여야 한다. 마음을 길들이는 가장 중요한 목적은 자비와 차분함을 도야하기 위해서이다. 특히 차분한 마음이 오늘날의 사회에서 중요하다. 그 마음이 다양한 종교, 정치 그리고 경제 체계에서 온 국가, 인종 그리고 사람들 사이의 진정한 조화를 이룰 힘을 가지고 있기 때문이다. 자비롭고 차분한 마음을 가지고 의지를 길러 그 변화를 가져와야 한다.

동의하는가? 말이 안 된다고 생각하는가? 나는 일개 승려에 지나지 않는다. 내가 말하는 것은 현실적으로 한계를 안고 살아가고 있는 나 자신의 수행에서 비롯된 것이다. 그러나 이러한 한계에도 나는 이 생각들을 일상의 삶 속에서 실천하려고 노력한다. 특히 문제를 맞닥뜨렸을 때 그러하다. 물론 나 역시 가끔은 실패한다. 가끔은 짜증을 내기도 한다. 때로는 나 역시 심한 말을 하기도 한다. 그러나 그리할 때, 나는 바로 "아, 이게 아니지"라며 생각을 바꾼다. 내가 이렇게 생각하는 이유는 내가 자비와 지혜의 수행을 내 삶 속에서 내 것으로 만들었기 때문이다.

내가 겨우 열다섯 살일 때, 중국 공산당이 동부 티베트를 침략했고, 그로부터 1년 사이에 티베트 정부는 내가 티베트의 국정을 돌봐야 한다고 결정했다. 이 시기는 우리의 자유가 침해당하는 것을 지켜봐야 했던 무척 힘든 시기였다. 그리고 1959년에 나는 수도 라싸에서 변장을 하고 도망칠 수밖에 없었다. 인도에서 망명 생활을 하면서 우리는 너무나 다른 기후와 고도에 적응하는 것부터 시작해 우리 티베트 문화를 다시 세워야 하는 것까지 하루가 멀다 하고 수많은 난관에 직면했다. 그러는 동안에도 내 내적 수행은, 우리 인간은 잘못된 생각들 때문에 엇나간다는 사실 그리고 우리 인류는 공통적인 요소들로 뭉쳐져 있으며 따라서 한 걸음 더 나아갈 준비가 되어 있다는 사실을 잊지 않은 채 해결할 방법을 찾을 수 있다는 태도를 굳건히 가질 수 있도록 해 주었다.

내가 겪은 고난은 자비, 차분함 그리고 통찰력이라는 마음가짐이 일상생활을 하는 데 무척 중요하며, 반드시 매일매일의 수행을 통해 이러한 마음가짐을 닦아야 한다는 것을 가르쳐 주었다. 힘든 일은 언젠가는 오기 마련이다. 따라서 올바른 마음가짐을 길러 내는 것이 중요하다. 우리 인간의 장점 중 하나인 잘못된 것과 올바른 것을 제대로 볼 줄 아는 눈을 가로막는 것이 분노이다. 이 장점을 잃으면 우리는 질 수밖에 없다. 때로는 강하게 대응할 필요도 있다. 그러나 화가 나서 그렇게 해서는 안 된다. 화를 내며 대응하는 것은 가치가 없다. 강력한 의지가 오래갈 수 있도록 도와주는 것은 자비와 차분함이다.

나는 온 세상에 자비가 반드시 필요하다고 생각한다. 쉼 없이 늘 자비로운 태도에서 비롯되는 마음의 평화는 모든 인간이 반드시 지녀야 할 덕목이다. 학생, 정치인, 기술자, 과학자, 가사를 전담하는 사람, 의사, 교사 그리고 변호사 등 모든 계층의 사람들 모두 건강하고 자비로운 마음가짐이 필요하다. 이것이 건강한 성장의 바탕이기 때문이다.

이러한 마음가짐을 가진 티베트인들을 만나 왔던 대부분의 사람들이 티베트 사람들은 성격이 좋다고들 한다. 그리고 중국의 침략으로 조국을 잃는 등 상상 이상의 괴로움을 겪고 있으면서도 늘 마음이 여유로운 것 같다고도 한다. 몇 명은 이러한 마음가짐이 티베트 사람들의 천성이 아닌가 생각한다. 많은 사람들은 티베트인들의 이러한 태도가 역경을 정신적 성장을 위해서 활용하겠다는 강력한 의지와 같은 마음가짐에서 일어나는 것이라고 이해하고 있다. 이러한 마음가짐 덕분에, 티베트인들은 덜 괴로워하고, 안으로 불안에서 자유로워진 마음이 외적으로 이와 같은 느긋한 태도로 나타나는 것이다. 이것은 티베트 전역에 두루 퍼져 있는 자비의 가르침 때문이다.

자비의 실천에는 그 규모가 문제가 되지 않는다. 무엇을 하든, 우리가 실천할 수 있는 만큼 자비를 실천하는 것도 매우 큰 이득이 있다. 또한 나중에 보다 더 자비로운 행동을 실천에 옮길 수 있기를 바라는 마음을 가지는 것도 중요하다. 인류 사회와 관련된 어떠한 일을 하든 연민과 자비가 필수적이다. 그가 정치인이든, 사업가든, 사회사업가든, 과학자든, 공학도든 간에 자리와 지위에 상관없이 그러하다. 만일 사람들이 선한 동기를 가지고 일한다면, 그 일은 인류에 이익이 되는 도구가 될 것이다. 그 반면에, 사람들이 자기의 직업을 이기적인 마음 또는 화에 근거해서 자신의 사리사욕을 채우기 위해서 쓴다면, 그 직업은 엇나간 것이다. 이렇게 이기심이나 분노에 근거한 직업에서 얻을 수 있는 지식은 인류 사회에 보탬이 되기는커녕 재앙이 될 것이다. 그러므로 자비심이 절대 필요하다.

나는 직접 경험한 바를 통해 알고 있다. 사람의 마음을 바꾸는 것도, 인류의 마음을 증장시키는 것도 가능하다는 것을. 마음은 색도 없고, 모양도 없으며, 가끔은 약하기까지 하다. 그렇지만 인간의 마음은 강철보다도 더 단단해질 수 있다. 마음을 길들이기 위해서 우리는 반드시 우리의 마음이 강철과 같은 모양새를 갖출 때까지 인내와 결단을 연습해야 한다. 만일 우리가 굳건한 의지와 불굴의 인내심으로 우리의 마음을 향상시키기 위해 시도하고, 시도하고 또 시도한다면, 처음에 아무리 많은 시련과 역경을 맞닥뜨린다 하더라도, 결국에는 성공할 것이다. 불굴의 인내, 끊임없는 수행 그리고 그 노력에 공들인 시간이 합해진다면, 변화는 반드시 일어난다. 큰 자비행을 못 한다고 기죽지 말라. 자기 능력이 닿는 한 자비를 실천할 수 있다는 용기를 내라.

2 동감

기초 수행

다음 세 장에 걸쳐 나는 불교의 수행법에 대해서 이야기하고자 한다. 이는 동감, 명상 그리고 앎에 대한 것이다.

우선 동감에 대해서 이야기해 보자. 다정함 또는 연민으로도 불리는 동감은 불교의 근본이다. 같은 동기에서 비롯하는 연민, 사랑, 다정함, 인내 혹은 관용 그리고 자기 수양에 대해서 다양한 불교 전통이 많은 철학적 설명과 방법론을 제시하고 있지만, 이 많은 이론과 실천의 가장 궁극적인 목표는 모든 중생들을 돕는 것이다. 불교는 자비심을 계발하고, 단련하며, 실천에 옮길 수 있도록 하는 다양한 방법을 제시하고 있다.

수행의 초반에 있어 가장 중요한 것은 다른 이들을 해치지 않는 것이다. 비폭력 혹은 다른 이들을 해치지 않는 것이 그 근본이다. 그다음으로 이기적인 마음을 자제하면서 우리의 관점을 다른 사람을 위해 봉사하고, 다른 이들을 돕는 데로 넓히는 것이다. 이 단계에 이르면 자비심이 좀 더 성숙해져 있을 것이다. 자비 수행의 초기 단계에서는 다른 이들을 도울 만큼의 능력이 아직 덜 갖추어져 있다. 따라서 이 초기 단계에서는 다른 사람을 해치지 않는 것이 적절한 자비의 수행이다. 그러나 자비를 실천하는 능력이 더 커지면 다른 사람을 도울 수 있다. 따라서 이 두 경우 모두 공통이 되는 가장 기본적인 가르침은 자비로운 마음이다.

이 자비의 수행에 있어 가장 중요한 것은 내면의 발전이다. 또한 중요한 것은 그 자비의 마음을 일으키는 방법을 아는 것이다. 마음과 몸에 의지하여 존재하는 '나'라는 존재가 있다. 그리고 우리 모두는 이 '나'가 본래적으로 존재한다고 생각한다. 이 '나'라는 느낌은 자연스러운 것이며, 본래적인 것이고 올바른 개념이라고 착각하면서, 이 생각에 근거하여 우리는 행복을 원하며 괴로움을 원하지 않는다. 이러한 바람들 역시 옳은 것이며, 이 바람이 우리를 행복을 얻고 괴로움을 피하도록 이끈다. 행복의 성취는 타고난 권리이며, 우리가 당연히 행복을 원하고 괴로움을 원하지 않는다는 단순한 사실에 비추어 정당화할 수 있으며 옳은 것이라고 할 수 있다.

우리 모두가 똑같이 행복을 바란다. 따라서 모두가 행복을 추구하고 괴로움을 없앨 동등한 권리를 가지고 있다. 문제는 여기서부터다. 나는 단지 하나의 개인이고, 다른 이들은 셀 수 없이 많다. 그리고 우리 모두가 행복을 원한다는 면에서 조건은 똑같다. 우리들 사이의 유일한 차이점은 숫자이다. 나는 한 사람이고 다른 사람들은 셀 수 없이 많다. 그래서 우리가 풀어야 할 문제는 이러하다.

"모든 사람들이 내 행복을 위한 도구가 되어야 하는가? 아니면 내가 다른 이들을 위해 행복을 얻어야 하는가?"

그러므로 자비로운 마음을 일으키는 가장 간단한 방법은 이러하다.

당신 자신을 호불호가 없는 중립적인 사람으로 관(觀)하며 한가운데에 세운다. 자신의 왼쪽의 열, 열다섯 또는 백 명의 다른 사람들을 관한다. 이들이 굉장히 열악한 조건에 있다고 상상한다. 자신의 오른쪽에는 이기적이고, 지나치게 거만하며, 다른 이들의 행복은 아랑곳하지 않고 오로지 자신만의 행복을 좇는 사람으로 자기 자신을 관한다. 그리고 가운데 있는 자기 자신은 제삼자로서 이 상황을 평가한다. 오른쪽에 있는 이기적인 사람과 왼쪽에 있는 절대적으로 도움이 필요한 사람들 모두 행복을 바라지만 괴로움을 원하지는 않는다. 양쪽 모두 행복하고 괴로움을 없애 버릴 권리를 동등하게 가지고 있다. 평가하는 사람으로서 어느 쪽을 더 우선시할 것인가?

이 방법이 다른 이들을 향한 우리의 마음가짐을 바꾸는 하나의 방법이다.

다른 방법은 인간 사회의 근본적인 특징은 한 개인이 절대적으로 혼자서는 살 수 없다는 점에 대해 고찰해 보는 것이다. 우리는 선천적으로 다른 이들에게 의존할 수밖에 없다. 그러니, 우리가 공생할 수밖에 없는 존재라면, 긍정적이고 즐거운 마음으로 같이 사는 삶을 생각해 보는 것이 어떤가? 이렇게 할 수 있는데 서로가 서로를 미워하고, 세상에 골칫거리만 더 만들어 내고 있는가?

우리의 존재 깊은 곳으로부터 자기중심적인 관점이 잘못된 것이라는 점을 이해할 필요가 있다. 지금까지 자기 사랑과 그 동반자인 무지가 우리의 심장 한가운데에 살고 있었다. 벌레건 그보다 고등한 존재건, 자기 사랑은 우리의 이기적인 사고방식을 빚어내고, 무지가 그 안에 싹을 내리고 있기 때문에 우리는 있는 힘껏 오로지 우리만의 행복을 찾는다. 그러나 이렇게 오직 우리만의 행복을 성취하기 위한 대부분의 행동들은 사실상 문제만 더 만들어 내고 있다.

만일 우리가 세계에서 지금 현재 일어나고 있는 일들에 대해서 생각해 본다면, 우리는 지금 세계가 겪고 있는 파괴의 유형이 자기 사랑 때문이라는 것을 이해할 수 있을 것이다. 자기 사랑 때문에 생기는 현재 우리가 겪고 있는 문제들은 이번 생에 국한되는 것이 아니다. 이는 우리가 무시이래로 겪고 있는 문제들이다. 인도의 학자이자 스님인 샨띠데바寂天, Śāntideva(7세기 후반)께서 그의《보살의 수행에 입문하는 법(입보살행론 또는 입보리행론)》에서 말씀하시듯, 자기 사랑이 우리를 어떠한 수렁에 몰아넣은 것인지 그리고 이 자기 사랑을 다른 사람을 사랑하는 데서 일어나는 이타심의 놀랍도록 훌륭한 자질들과 비교해 보아야 한다. 자기 사랑과 이타심, 이 둘을 비교해 보라. 그러면 어떤 것이 더 좋은지 금방 알 수 있을 것이다.

이러한 사색은 오늘날의 사회에 굉장히 유용하다. 특히나 소요, 폭력, 테러 그리고 전쟁이라는 인류의 위험한 문제들을 직면했을 때 그러하다. 이러한 위험한 상황에서는 자비의 힘이, 사랑과 다정함의 힘이 절실히 필요하기 때문이다. 우리의 가족, 학교, 공동체, 국가 그리고 세상에 필요로 하는 조화와 다정함은 오직 연민과 사랑을 통해서만 성취할 수 있다. 관심과 존중으로 서로가 서로를 도움으로써 우리는 많은 문제들을 쉽게 해결할 수 있다. 조화는 불신과 부정행위, 협박과 야비한 경쟁 속에서는 절대 이루어 낼 수 없다.

협박과 우격다짐을 통해 이루어 낸 성공은 기껏 해 봐야 잠깐이다. 그 사소한 이득은 단지 새로운 문제를 불러일으킬 뿐이다. 1차 세계대전이라는 어마어마한 비극이 일어난 지 겨우 몇 십 년 뒤에 2차 세계대전이 일어나서 수백만의 생명이 희생된 이유도 이것이다. 그 이후로 21세기가 돼도 크고 작은 무력 충돌이 끊임없이 곳곳에서 일어나고 있다.

세상은 수많은 장기적 유혈 충돌로 넘쳐 나고 있다. 만일 기나긴 증오와 분노의 역사를 잘 살펴본다면, 더 나은 방법을 찾아내야만 한다는 것은 명백하다. 진정 평화로운 방식을 통해서만, 즉 평화스러운 말뿐만이 아니라 평화스러운 마음과 심장을 통해서만 이 문제들을 해결할 수 있다. 이렇게 한다면 우리는 더 나은 세상에서 살 수 있을 것이다.

이게 가능한 일일까? 싸움, 속임수 그리고 협박이 기술의 혁신 덕에 우리를 더 악화된 작금의 현실에 옭아매고 있다. 이제 우리는 돌파구를 찾기 위한 새로운 시도를 해야 한다. 실현 불가능한 너무나 뜬구름 잡는 말로 들릴 수도 있지만, 자비로운 마음밖에는 대안이 없다. 인간의 가치와 인류의 하나 됨을 인정하는 자비만이 우리가 살 길이다. 이것이 오래 지속 가능한 행복을 성취하는 유일한 길이다. 자비는 다른 이들에 대한 관심을 중심으로 발전하며, 자신의 능력에 맞게 다른 이들을 돕겠다는 적극적인 마음으로 나아간다.

나는 모든 생명은 행복을 원하며 괴로움을 바라지 않는다는 데서 모두가 하나의 존재라는 생각으로 이 나라, 저 나라를 여행한다. 나는 수십 년간 내 마음을 그렇게 단련해 왔으며, 따라서 다른 문화권의 다른 사람들을 만날 때, 어떠한 장벽도 느끼지 않는다. 수행을 통해, 다른 문화들과 다른 정치·경제 체계에도 우리는 모두 근본적으로 하나라고 보게 되었다. 더 많은 사람들을 만날수록, 이해와 존중에 기반을 둔 인류의 하나 됨이 우리가 실천할 수 있는 가장 현실적이고 실현 가능한 기반이라는 확신을 점점 더 가지게 되었다.

어디를 가든, 이것이 내가 이야기하는 것이다. 나는 진정한 의미의 형제애인 연민과 사랑의 힘을 믿는다. 연민과 사랑의 수행은 모든 종교를 관통하는 믿음이다. 당신이 불교도인지, 기독

교도인지, 힌두교도인지, 이슬람교도인지, 유대인인지 혹은 종교에 전혀 관심이 없는지는 전혀 문제가 되지 않는다. 진정 중요한 것은 모든 인류가 하나라는 느낌이다.

3   명상
마음의 힘을 강화하는 길

사랑, 연민 그리고 이타심과 같은 마음을 최대한 계발하기 위해서는 명상이 필요하다. 현재 우리의 마음은 너무나 흩어져 있다. 마음이 흩어져 있으면 마음의 힘에는 한계가 있다. 만일 우리가 흐르는 물처럼 그 마음의 흐름을 바꾼다면, 마음은 강해질 수 있을 것이다. 마음을 강화시키는 한 유형의 명상은 '마음의 고요히 머묾(지止. samatha)' 명상이고, 다른 하나는 실재의 본질을 점검하기 위한 특별한 통찰(관觀. vipassana) 명상이다. 첫 번째, 고요히 머묾 명상에 대해서 먼저 논해 보자.

만일 마음의 동요 없는 안정되고 명료한 집중의 상태가 우리에게 없다면, 지혜가 그 대상과 그 대상의 모든 미세한 특징을 알 수 없게 될 것이다. 그러므로 반드시 마음을 모아야 한다. 집중의 수행과 그 발전을 가로막는 두 가지 마음의 상태는 지나치게 가라앉은 마음 혹은 혼침惛沈과 지나치게 들뜬 마음 혹은 도거掉擧다. 이 두 장애를 없앨 대치제로 우리는 주의 집중과 내적 관찰을 닦아야 한다.

어떻게 이 주의 집중과 내적 관찰을 성취하는지 간단하게 설명하겠다. 명상을 할 때 무엇보다 먼저 외부의 사물이나 내면의 마음 그 자체, 둘 중 하나를 명상 중 관찰의 대상으로 삼는다. 마음 그 자체를 관찰의 대상으로 삼을 때, 수행이 좀 더 깊어진다.

자세는 다음과 같다. 다리는 반가부좌나 결가부좌를 한다. 등을 곧추세울 수 있는 정도의 높이의 방석을 사용한다. 이렇게 하면 얼마나 명상을 하든 간에 지치지 않게 된다. 등은 활처럼 곧추세워야 한다. 목은 약간 아래쪽으로 굽힌다. 눈은 코 조금 너머 앞쪽을 초점 없이 바라본다. 혀끝을 입천장에 붙인다. 입술과 치아는 자연스럽게 놓아두고 팔은 약간 느슨하게 하며 억지로 몸 쪽으로 붙이려고 하지 않는다. 손은 왼손을 오른손 아래에 놓고 두 엄지가 서로 맞닿게 해서 삼각형을 만들어 배꼽에서 네 손가락 아래쯤에 내려놓는다.

만일 당신의 마음이 욕심이나 화가 난 상태라면, 이 불편한 마음을 느슨하게 할 방법을 사용해야 한다. 들숨과 날숨을 21번까지 세는 명상이 주요한 방법이다. 마음이 두 인식을 동시에 진행할 수 없기 때문에, 이 명상은 이전의 소요가 사그라지도록 해줄 것이다. 그리고 나서 자비, 이타심, 다른 이들을 돕고자 하는 소망과 같은 고결한 마음가짐을 이루는 것이 필요하다.

마음 그 자체에 집중하기 위해서는 이와 같이 할 것을 추천한다. 과거에 무슨 일이 있었는지를 떠올리거나, 미래에 일어날 일을 쫓아다니게 하지 말라. 대신 마음을 생생하게 내버려 두라. 어떠한 몽상도 만들지 말고, 있는 그대로. 이러한 상태에 머무를 수 있을 때, 거울에 비친 반영과 같이 마음이 어떠한 대상과 어떠한 분별 망상이든 간에 특정 상황이 되면 떠오르게 할 수 있는 능력이 있다는 것을 알게 될 것이다. 마음의 실체는 오직 비춤, 오직 앎 그리고 개념 분별 이전의 경험뿐임이 그 본질이기 때문이다.

불교의 기본적인 시각에서 보자면, 마음은 근본적으로 빛남과 앎이다. 따라서 감정적인 문제들은 마음의 본질에 머물 수 없다. 비생산적인 마음의 자세 역시 한순간일 뿐이며, 피상적이며, 없앨 수 있는 것이다. 만일 화와 같은 불편한 감정들이 마음의 그 본질에 있다면, 애초부터 마음은 늘 화가 나 있는 상태일 것이다. 그러나 마음이 늘 그렇지 않다는 것은 너무나 당연한 사실이다. 특정한 조건이 갖추어져 있을 때만 우리는 화를 내며, 그 특정 상황이 사라지면 화 역시 사라진다.

어떤 상황에서 우리는 분노 또는 증오를 일으키는가? 화가 났을 때, 화의 대상이 사실보다 훨씬 더 기분 나쁘게 보인다. 우리가 화를 내는 것은 그 사람이 우리 또는 우리의 친구들을 해쳤거나 해치고 있거나 아니면 나중에 해칠 것이라고 생각하기 때문이다.

그렇다면 그 해침을 당하는 '나'는 무엇인가?

우리는 마치 주체인 '나'와 객체인 '적'이 모두 단일한 독립적인 개체들이라고 생각한다. 우리가 이러한 형상들을 본질적으로 존재하는 것으로 받아들이기 때문에 화가 일어나는 것이다. 분노가 일어나는 첫 순간에 다음과 같은 생각을 해 보자.

"나는 누구지? 지금 아파하는 사람은 누구지? 누가 내 적이지? 내 몸이 적인가? 내 마음이 적인가?"

이렇게 생각하면 이전에 본래부터 분노의 표적인 것처럼 보였던 이 단일한 분노의 대상과, 본래부터 다칠 수밖에 없도록 태어난 단일체로서의 자신이 사라질 것이다. 그리고 분노는 해체

될 것이다.

생각해 보라. 우리는 원하는 것을 이루지 못했을 때, 그에 대해서 화를 낸다. 대상과 당신 자신을 마치 가해자와 피해자라는 독립적인 두 개체로 잘못 보는 무지가 분노를 조장한다. 증오는 마음의 바탕에는 없다. 증오는 타당한 기반이 없는 마음의 헛된 상태이다.

그 반면에 사랑은 진리에 기반을 두고 있다. 타당한 근거가 있는 마음의 상태가 바탕이 없는 마음의 상태와 오랫동안 겨룬다면, 타당한 마음의 상태가 근본 없는 마음을 압도할 것이다. 따라서 마음에 의지하고 있는 자질들은 무한히 증가될 수 있으며, 불편한 감정들을 마주하는 마음가짐을 강하게 할수록, 그 바람직하지 않은 감정들이 줄어들기 시작해서 마침내 모두 한꺼번에 사라질 것이다. 마음의 근본 성질이 빛남과 앎이기 때문에, 우리 모두 깨달음을 성취하는 데 필수 요소를 모두 갖추고 있다.

:   자신의 마음을
        알자

20년 전, 내가 인도 북부 라다크에 있을 때의 일이다. 나는 여러 가지 명상을 체계적으로 수행하고 있었다. 지금도 그러하듯이 내 앞에 석가모니 부처님의 상을 두고 명상을 했다. 불상의 가슴 부분의 금박이 벗겨져서 그곳만 갈색빛을 띠고 있었다. 갈색이 되어 버린 불상의 심장을 바라보면서, 그곳을 바라보는 내 마음을 관찰하면서, 마침내 내 생각이 멈추었고 잠시 동안 나는 마음의 본질인 빛남과 앎을 느낄 수 있었다. 그 뒤로 그때 그 순간을 기억함으로써, 이러한 빛남과 앎을 느끼는 경험을 다시 할 수 있었다.

매일매일의 수행 속에서 마음의 본질을 파악하고 그 본질에 집중하는 것은 매우 큰 도움이 된다. 그러나 그 마음의 모습을 붙잡고 있는 것은 너무나도 힘든 일이다. 그 진면목은 우리의 산란한 생각 아래에 숨겨져 있기 때문이다. 마음의 근본 자질을 파악하는 방법은 이러하다. 우선 과거에 무엇이 일어났는지 돌이켜보기를 먼저 멈추고, 다음으로 앞으로 무엇이 일어날지 생각하는 것을 멈춘다. 마음이 저절로 흘러가도록 놔두되 분별을 일으켜 판단하려고 하지 않는다. 마음이 그 천연의 상태에서 쉬도록 하고 그 상태를 잠시 동안 관찰한다.

예를 들어, 소리를 들었을 때 그 소리를 듣는 순간과 그 소리의 원천을 분별하는 순간의 사이에서 당신은 분별심은 없지만, 잠들어 있지도 않으며, 그저 대상이 마음의 오직 빛남과 앎의 반영에 지나지 않는 상태임을 알아차릴 수 있다. 이 순간에 마음의 본질을 파악할 수 있다. 수행의 초기에는 정말 힘든 일이지만, 시간이 지나면서 마음이 투명한 물처럼 떠오르게 될 것이다. 분별 개념에 흔들리지 않고 이 물과 같은 마음의 상태에 머무르도록 그리고 그 상태와 익숙해지도록 노력하라.

당신의 마음이 깨어 있고 깨끗하지만 감각들은 아직 제 기능을 하지 않는 이른 아침에 이 명상을 수행하라. 그 전날 밤에 적당히 먹고, 너무 오래 자지 않는 것이 도움이 된다. 그러면 잠을 가볍게 잘 수 있고, 이것이 그다음 날 마음을 보다 가볍고 날카롭게 해 줄 것이다. 그 전날 과식을 하면 잠이 너무 깊게 들어 시체처럼 자게 된다. 내 일과를 보자면 나는 아침과 점심을 양껏 먹고 저녁을 조금 먹는다. 크래커 서너 조각 정도를 먹고 일찍 잠에 들었다가 아침 3시 반 정도에 일어나 명상을 시작한다.

아침에 마음의 본질에 대해서 주의를 집중하는 것이 하루 동

안 당신의 마음을 좀 더 깨어 있게 해 주는지 살펴보라. 잡생각
들이 분명히 이전보다 잠잠해졌을 것이다.

만일 당신이 매일 잠깐씩 명상을 할 수 있다면, 이 산란한 마
음으로부터 벗어나면서 기억력이 향상될 것이다. 좋은 것, 나쁜
것 등에 대하여 생각을 달리게 하는 분별심이 쉬게 될 것이다.
잠시 동안의 무분별심이 그동안 절실하게 필요로 했던 휴식을
줄 것이다.

:⠀⠀⠀⠀방법

1. 과거에 무슨 일이 있었는지, 앞으로 어떤 일이 일어날 것
   인지 생각하지 마라.
2. 분별하는 마음을 내지 말고 마음이 그 자신의 흐름대로 가
   도록 놓아 준다.
3. 마음의 빛나는 명료함이라는 본질을 관찰한다.
4. 그 본질을 인식하며 한동안 머무른다.

당신의 마음은 깨어 있지만 감각기관들은 아직 완전하게 활

동하지 않는 아침 잠자리에 누워 있는 동안에도 이 수행을 할
수 있다.

마음의 본질이 오직 빛남과 앎이라는 것을 파악했을 때, 그
빛남과 앎의 경험을 붙잡고 주의 집중과 내면의 관찰을 통해 그
경험에 머물러라.

이와 같은 방법이 주의를 집중하는 명상을 성취하는 과정에
서 마음 자체를 관찰의 대상으로 사용하는 방법이다. 만일 마음
대신에 외부의 대상인 붓다나 지혜의 화신인 문수보살의 모습
을 관찰의 대상으로 삼는다면, 우선 잘된 그림이나 상을 자세히
보고 나서 그 내적인 이미지가 마음에 뚜렷하게 나타나도록 그
그림이나 상을 마음속에 그려 본다. 관찰의 대상이 마음처럼 내
적인 것이든, 붓다의 몸과 같이 외적인 것이든 간에 마음속에 그
대상을 위치시킬 수 있다면 마음을 그 대상에 생생하게 집중하
게 할 수 있다.

4 앎

집중의 목적

마음에 주의를 집중해야 하는 이유는 무엇일까? 일어나는 거친 번뇌들을 잠시 억누름으로써 마음의 집중, 즉 삼매三昧◆를 높은 수준까지 올리기 위한 것이 아니다. 삼매의 목표는 자성의 공함 인 무아를 깨닫는 매우 특별한 통찰을 하기 위한 기반을 이루고 자 하는 것이다. 이 특별한 통찰의 명상을 통해서 우리는 모든 번뇌를 완전히 그리고 영원히 없앨 수 있다.

자성의 공함을 깨닫는 지혜를 증장시키는 이유는, 당신이 삼 매에 들어 있다 하더라도, 그것만으로는 대상이 그 자체로 존재

___

◆ 외부의 대상에 대해 산란해지는 마음을 가라앉히고 마음을 한곳에 오롯이 집중하여 머 무는 명상.

한다는 잘못된 인식을 부술 수는 없기 때문이다. 삼매와 지혜의 조합만이 그것을 할 수 있다.

당신의 마음속에서 무아를 깨닫는 지혜를 일으키기 위해서는 반드시 공함의 의미를 깨달아야 한다. 믿음을 명상 중 관찰의 대상으로 하는 명상은 마음을 더욱 독실하게 하기 위한 것이며, 믿음의 실체를 일으키기 위한 것이다. 그에 비해 무아에 대한 명상은 무아, 공성을 그 명상의 '대상'으로 삼는 것이다. 즉, 공성을 당신의 마음의 관찰 대상으로 삼는 것이다. 그러기 위해서는 무아가 무엇인지, 공성이 무엇인지 알아야 한다.

나가르주나(용수보살龍樹菩薩, Nāgārjuna)의 《근본중론송根本中論頌, mūlamadhyamakārika》에서 말씀하시듯, 모든 현상이 공하다고 하는 것은 존재하지 않거나 결과를 낳는 기능을 하지 않기 때문이 아니다. 모든 현상이 공하다고 하는 것은 의존적인 존재들이기 때문이다. 현상은 불교 철학에서 말하는 상호 의존해야만 있을 수 있는 연기적 존재이다. 나가르주나는 현상이 공한 것이 결과를 낳는 기능을 하지 않기 때문이 아니라 연기적 존재이기 때문이라고 그 이유를 설명했다. 이에 근거해서 생각해 보자면, 공성의 뜻은 상호 의존이라는 것이다.

현상들은 상호 간에 의존해서 존재하기 때문에, 독립적으로 존재하는 것은 아무것도 없다. 의존과 독립은 상호 배타적이며, 반대말이다. 따라서 모든 현상이 의존적으로 존재한다면, 독립적이고 다른 현상에 비의존적인 것들은 절대 의존적일 수 없다. 독립적인 것, 다른 현상에 의존하지 않는 것, 즉 대상 자체의 힘으로 존재하는 것을 불교에서는 '자아'라고 부른다. 그리고 이렇게 스스로 존재하는 대상은 아무것도 없기 때문에 무아라고 한다.

불교 철학 체계 가운데의 최상위인 나가르주나의 사상을 제대로 구현하는 중관학파의 교학에 따르자면, 무아에는 두 종류가 있다. 사람의 무아 또는 자아 부재 그리고 다른 현상들의 자성 부재 또는 현상의 무아이다. 이 두 유형은 자아 또는 독립적인 존재가 부재한 그 실재가 사람인지 아니면 다른 현상들인지에 따라 나뉘는 것이지, 서로 다른 두 개의 공성이 있는 것이 아니다. 원인과 조건 또는 그들을 구성하고 있는 요소와 같은 요인들에 의존하지 않는 존재를 독립적인 존재 또는 자신의 스스로의 힘으로 존재하는 현상이라고 하는데, 사람과 다른 현상들 모두 그러한 독립적인 존재가 없다.

무아의 의미를 확인하기 위해서는 일반적으로 반드시 논리를 통해 대상을 사색적으로 분석하는 분석 명상을 해야 한다. 이것이 나가르주나가《근본중론송》에서 많은 공성의 논증 방법을 제시하는 이유이기도 하다.《근본중론송》의 모든 논증식들은 모든 현상이 그들 자신의 힘으로 존재하지 않는다는 것을, 즉 자성의 공함을 다양한 관점에서 증명하는 것이고, 이러한 논증식들을 명상 속에서 사용하기 위해서이다.

《보적경 가섭품寶積經 迦葉品, ratnakuṭa sūtra kāśyapaparivarta》은 물질들은 공성 때문에 공한 것이 아니라 물질들 그 자체가 공하다고 말한다. 따라서 한 현상에 다른 현상들이 공함이 아니라 그 현상 자체가 자성이 공하다는 견지에서 공하다는 것이다. 자성은 현상이 원래 존재하는 모습 위에 덮어씌운 허풍스러운 존재의 한 유형이다. 이 과장된 상태는 우리가 현상 위에 덧대어 붙인 지나치게 진짜처럼 만든 것이다. 그리고 현상에는 이러한 과장된 상태가 공하다.

⋮   자기 자신의
         분석

즐거움과 고통을 겪으며, 문제를 일으키고, 업을 일으키는 주체는 바로 당신 자신이다. 즉 모든 잡음과 소요가 자아에 의해 일어난 것이기 때문에, 자기 스스로를 대상으로 분석하는 것에서 시작해야 한다. 이를 통해 당신의 진면목이 이런 거짓 상태가 아니라는 것을 이해한다면, 이 깨침을 당신이 즐기고 경험하고 사용하는 사물들로 옮겨 다시 시작한다. 이러한 면에서 자기 자신이 분석의 주요 대상이다.

언젠가 무엇인가 지독히 잘못해 놓고 "진짜 일을 망쳤구나!"라고 생각했던 적이 있는가? 그럴 때, 당신의 '나'라는 생각이 마음도 몸도 아닌 조금 더 강력한 제삼자로, 즉 실제로 존재하는 어떤 것처럼 보이는 자아로 나타나지 않던가?

또는 당신이 무엇인가 대단한 일을 성취했다던가 아니면 정말 즐거운 일이 당신에게 일어났고, 그 일에 대해서 자부심을 가지고 있을 때를 기억해 보자. 소중하고 사랑스럽고 좋은 '나' 그리고 자기 중요성의 대상이던 '나'는 너무나 사실적이고 생생하다.

그러할 때, 당신의 '나'라는 감각은 유독 더 뚜렷하게 나타난다. 그처럼 지나치게 노골적으로 나타나는 '나'를 알아차리게 되면, 바로 이 '나'의 강력한 느낌을 마음에 떠오르게 하고서, 이 느낌이 약해지기 전에 그 '나'를 구석구석 살펴 이 허풍스러운 '나'라는 상태가 나에게 나타나는 것만큼이나 실제로 존재하는 것인지 아닌지를 점검해 본다.

감각 지각도 현상을 단일하고 실재하는 것처럼 인식한다. 이는 마음속에 있는 오류에 말미암은 것이다. 현상이 우리의 마음에 그처럼 잘못 나타나기 때문에, 우리는 자동적으로 현상이 그 자체의 힘으로 존재하는 것처럼 잘못 인식하게 된다. 마치 꿈속에 나타난 허상을 진짜인 것으로 받아들이는 것처럼. 전혀 근거가 없는 형상을 당연한 진실인 것처럼 받아들이고, 그 위에 수많은 번뇌를 일으키는 불합리하며 비생산적인 생각을 통해 더 많은 속성들을 덧붙인다.

지금까지 일어난 일을 보자면, 자기 사랑과 그 동반자인 무지가 당신의 심장 한가운데에 자리 잡아 온 것이다. 당신을 행복하게 만들 모든 행동을 다 하도록 당신을 끌고 다녀 왔지만, 이러한 마음가짐은 많은 문제들을 일으켜 왔다. 당신은 이 자기중심적 사고방식이 잘못된 것이라는 점을 진심으로 받아들여야 한다. 이제 이 자기 사랑을 버리고 다른 이들에 대한 사랑을 받아들이고, 무지를 버리고 무아를 깨닫는 지혜를 받아들여야 한다.

:   깨달음으로의
      진보

이러한 방식으로 자성의 공함*의 의미에 대해 사색을 하면서
당신은 점차 깨달음을 향한 수행의 길에서 앞으로 나아가게 된
다. 수행의 발전은《반야심경般若心經》의 끝에 나오는 진언에 잘 나
와 있다.

> 따댜타 가떼 가떼 빠라가떼 빠라상가떼 보디스바하(tadyatha gate gate
> paragate parasamgate bodhisvaha). 이 산스크리트 진언은 "이는 다음과 같
> 다. 나아가라, 나아가라, 저 너머로 나아가라, 저 너머로 완전히 나아가
> 라, 깨달음으로 이루어진 곳으로"라는 뜻이다.

누가 나아가는가? 이는 마음의 흐름에 의존해서 명명된 '나'
이다. 어디로부터 나아가는가? 당신은 그릇된 행동과 비생산적
인 감정들에 휘말려 있는 윤회로부터 멀리 떨어져 나아가는 것

◆ 공은 자성이 아니라 상태이다. 따라서 공성이 자성이라는 오해를 불러일으키지 않기 위
  해 문맥에 따라 '공함'으로도 표기한다.

이다. 어디로 나아가는가? 당신은 영원히 괴로움과 괴로움의 근원인 번뇌, 또한 번뇌에 근거해서 이루어진 습관적 성향들로부터 영원히 자유로운 진리의 법신으로 이루어진 불성을 향해 나아간다. 어떠한 원인과 조건에 의지하며 나아가는가? 자비와 지혜의 조합인 수행의 길에 의지하여 나아간다.

붓다는 수행자들에게 강가 저편, 즉 피안으로 나아가라고 말씀하셨다. 수행자의 관점에서 보자면, 윤회는 강의 이편이며 손 닿을 거리에 있다. 강 저편, 멀리 떨어진 곳은 괴로움을 넘어선 상태인 니르바나, 즉 열반이다.

붓다께서 "따댜타 가떼 가떼 빠라가떼 빠라상가떼 보디스바하"라고 말씀하실 때, 그는 수행자들에게 수행의 다섯 단계를 통해 나아가라고 말씀하고 계신 것이다.

가떼(아제) — 자량도資糧道

가떼(아제) — 가행도加行道

빠라가떼(바라아제) — 견도見道

빠라상가떼(바라승아제) — 수도修道

보디스바하(모지사바하) — 무학도無學道

이 수행의 다섯 단계의 특징들을 소개하겠다.

1. 첫 번째 단계인 자량도資糧道란 무엇인가? 자량도는 당신이 주로 다른 이를 돕겠다는 마음을 닦고, 이에 따라 무량한 공덕을 쌓는 것이다. 또한 자비로운 동기와 지혜의 조합을 수행한다 하더라도, 당신의 공함을 깨닫는 정도는 고요히 머묾(지止)과 특별한 통찰(관觀)의 명상이 상호 조화를 이루는 "명상을 통해 일어난 상태"에는 아직 미치지 못한 것이다. 이 자량도에서 당신은 굳건한 삼매를 성취하고, 공함을 깨닫는 명상으로부터 일어나는 상태를 향해 나아간다. 이 자량도와 다음 단계인 가행도加行道를 수행하는 동안 당신은 지혜(주체)와 깨달은 공함(객체)의 이분법적 방식으로 공함을 획득한다.

2. 공함을 깨닫는 명상으로부터 일어난 지혜의 상태를 성취한 그때부터 당신은 가행도加行道에 들어간 것이다. 이 상태에 점점 더 익숙해지고, 자비로운 동기를 함께 수행함으로써, 당신은 차츰차츰 공함의 모습을 가행도加行道의 열, 절정, 견딤 그리고 세속적 자질들 가운데 최고라는 네 가지 단계

를 통해 점점 더 명확하게 파악하게 된다.◆

3. 이러한 과정을 통해 공함을 직접적으로 깨닫는다. 이 직접적 깨달음에는 이분법적인 형상으로부터 나오는 심지어 아주 미세한 염오조차 사라져 존재하지 않는다. 이것이 현상의 진면목을 밝히는 진실의 깨달음의 초입인 견도^{見道}의 시작이다. 이 단계는 자량도와 가행도라는 두 세속적 단계를 떠나 이분법적 형상이 사라진 초세속적인 단계들 가운데 처음이며 대승 보살의 십지^{十地}(지^地라고 부르는 이유는 식물이 땅에서 자라듯 매우 수승한 자질들이 그 위에 자라나기 때문이다.)의 시작인 환희지^{歡喜地}이다. 견도^{見道}와 수도^{修道}를 수행하는 동안, 두 가지 종류의 인식의 장애인 지적으로 얻은 장애는 견도^{見道}에서 없앨 수 있고, 본래적으로 태어날 때부터 있어 온 인식의 장애는 수도^{修道}에서 넘을 수 있다. 지적인 사색을 통해 발생한 마음의 오류는 그릇된 철학 체계를

◆ 가행도의 네 단계란 공성을 깨닫는 것을 가로막는 장애를 모두 태워 버리는 열, 장애를 모두 태워 버리는 열의 절정, 공성에 대한 두려움을 견딤 그리고 자량도와 가행도라는 세속적 자질 가운데 최고의 경지를 말한다..

믿고 따르는 데서 생긴다. 예를 들어, 몇몇 불교 학파는 속제적으로는 현상이 자성을 가지고 있으며 따라서 원인과 조건에 의존하지 않은 채로 자신의 힘으로 존재한다고 주장한다. 이는 만일 현상이 이러한 방식으로 존재하지 않으면 결과를 낳는 기능을 할 수 없기 때문이라고 한다. 그러나 이는 근거가 부족한 '논리'에 의지해서 그렇게 추론하는 것이다. 이러한 종류의 무지는 잘못된 철학 체계에 의해 오염된 시각이다. 그리고 그 때문에, 작위적 또는 지적으로 얻어진 잘못된 인식의 방법이라고 불린다. 이와는 별도로, 설사 어떤 이가 틀린 작위적 사고를 통해 얻은 잘못된 습관적 성향을 이번 생에 새로이 배우지 않았다 하더라도, 모든 이들은 이전 삶들을 통해 틀린 견해에 집착함으로써 일어났던 습관적 성향을 그 의식의 흐름 속에 가지고 있다. 그 반대로, 무시이래 본래적으로 오류가 있는 마음의 상태는 벌레부터 인간들까지 생명을 가진 모든 존재들에 내재되어 있다. 이는 무시이래로 스스로 작동하는 인식의 오류이기 때문에 잘못된 철학적 사고와 논리에서 비롯된 것이 아니다.

4. 지적으로 또는 작위적으로 얻어진 장애들은 견도見道에서 사라진다. 그 반면에 본래적인 장애들은 더욱더 이겨 내기 힘들어지는데, 이는 무시이래로 이미 이 틀린 마음의 상태에 묶여 있기 때문이다. 이 본래적인 무지는 견도見道에서 직접 지각한 공함의 의미에 대한 명상을 끊임없이 함으로써 잘라 내야만 한다. 이러한 명상은 반드시 아주 오랫동안 끊임없이 해야 하는 것이기 때문에, 이 수행의 단계를 수도修道라고 부른다. 사실 당신은 다섯 단계의 초입부터 공성에 대해서 명상해 왔다. 그러나 이 수도修道는 그 공함에 대해 매우 익숙해진 단계를 일컫는다.

이 단계에서 당신은 나머지 보살의 아홉 단계九地◆를 통과한다. 보살 십지 가운데 처음 일곱 단계◆◆는 청정하지 않다고 일컫고, 나머지 세 단계◆◆◆는 청정하다고 한다. 이는 첫 일곱 단계는 아직도 번뇌의 장애를 여전히 없애는 과정

◆ 즉, 보살 십지 가운데 이구지離垢地, 발광지發光地, 염혜지焰慧地, 난승지難勝地, 현전지現前地, 원행지遠行地, 부동지不動地, 선혜지善慧地 그리고 법운지法雲地를 일컫는다.

◆◆ 첫 일곱 단계는 환희지歡喜地, 이구지離垢地, 발광지發光地, 염혜지焰慧地, 난승지難勝地, 현전지現前地, 원행지遠行地이다.

◆◆◆ 마지막 세 단계는 부동지不動地, 선혜지善慧地 그리고 법운지法雲地를 일컫는다.

이기 때문이다. 따라서 여덟 번째 단계인 부동지不動地의 초입에 번뇌의 장애를 완전히 없앨 수 있다. 이 후반 세 단계의 조화가 일체지를 가로막는 장애(즉, 소지장所知障)를 끊어낼 수 있게 해 준다.

5. 이제, 보살 십지를 통해 성취한 금강과 같은 삼매를 통해 아직 남아 있는 일체지를 가로막는 매우 미세한 상애물을 제대로 부술 수 있다. 이 미세한 장애를 완전히 끊어 버린 바로 다음 찰나의 마음이 모든 것을 아는 일체지이며, 그와 동시에 마음의 깊은 본질은 본래자성불이 된다. 이것이 마지막 다섯 번째 단계인 무학도無學道이다. 이 경지에 이르면 미세한 마음과 함께 있던 매우 미세한 바람, 혹은 에너지로부터 무수한 청정한 몸과 청정하지 않은 몸이 저절로 나와 중생을 돕는다. 이러한 다양한 몸들을 붓다의 색신色身이라고 부른다. 이것이 모든 중생에게 도움이 되고 행복을 불러오는 원천이 되는 불성이다.

이것이 공함에 대한 간단한 설명이다. 수행자가 우선 붓다와 스승의 가르침들을 들음으로써 일어난 공함에 대한 지혜를 계발하고, 사색을 통해 일어난 지혜로 그것을 확인하고, 최종적으로 공함에 대한 명상에 의지해서 수행의 단계를 나아간다. 따라서 지혜를 더 높고 높은 단계로 발전시키기 위해서는 수행이 필수적이다. 그러나 과거에 여러 생에 걸쳐 수행해 왔기 때문에, 이번 생에 사람들이 가지고 있는 지혜는 수준이 매우 다양하다.

:   불성의
       특징들

붓다의 특징은 여러 '몸'으로 설명할 수 있는데, 일반적으로 두 가지 유형이 있다.

- 자기 자신의 복지의 성취를 위한 진리의 법신法身
- 다른 이들의 복지의 성취를 위한 형상을 가진 색신色身

형상을 가진 색신은 청정함과 청정하지 않음의 정도에 따라 나타나는데, 그에 따라 구분을 한다. 고도로 단련된 수행자들은 완전한 환희의 몸에 들어갈 수 있으며, 다른 수준의 수행자들은 굉장히 다양한 화신化身들을 경험할 수 있다. 진리의 법신은 본래적인 몸과 청정 지혜의 진리의 몸, 둘로 나눌 수 있다. 본래적인 몸은 다시 천연의 청정함의 몸과 비본질적인 혹은 (복덕과 지혜의 수행을 통해) 이루어진 청정함의 몸으로 나뉜다.

불성은 이타적 동기와 지혜를 하나로 뭉친 수행을 통해 이룰 수 있다. 불성이 이 둘의 조화를 통해 이루어지기는 하지만, 불성에는 그들의 특징이 각각 그대로 남아 있다. 다른 이들을 돕겠다는 이타적인 동기를 닦은 결과는 불성에서 나오는 붓다의 다양한 형상의 몸이다. 이 붓다의 다양한 몸들은 다른 이들의 복지를 이루기 위해 존재한다. 지혜를 닦은 결과는 붓다의 진리의 법신으로 자기 자신의 계발을 이룬다.

무엇이 이타적 동기와 지혜의 주요한 형태일까? 주요한 동기는 다른 이들을 위해 깨닫겠다는 의지이다. 이는 사랑과 연민에 의해 고무되며, 육바라밀 가운데 보시布施, 지계持戒 그리고 인욕忍辱과 같은 자비로운 실천을 북돋는다. 지혜의 주요한 형태는 자성의 공함을 깨닫는 지혜로운 의식이다.

이들의 결과로 붓다는 어떠한 인위적 노력을 들이지 않아도 중생을 돕는 데 알맞은 모든 방식으로 나타날 수 있다. 이러한 형상을 한 붓다의 모습들은 붓다 자신을 위해서가 아니라 다른 이들이 바라는 방식대로 나투는顯顯 것이다. 붓다 자신의 관점에서 보자면, 불성은 깨달은 이 안에 영원히 머무는 진리의 법신의 완전한 자기완성을 갖춘 것이다.

수행의 결과인 불성의 여래의 열 가지 수승한 힘(여래십력如來十力)과 네 가지 두려움 없음(사무외四無畏)과 같은 수승한 자질들이 모두 금강심에 갖추어져 있다. 이들이 드러나지 못하는 것은 오직 바람직하지 않은 조건들이 가로막고 있기 때문이다. 불성은 다음과 같은 열 가지 힘을 갖추고 현현한다.

1. 청정한 원인과 결과 그리고 청정하지 않은 원인과 결과 모두에 대한 앎.
2. 행동의 결과에 대한 앎.
3. 높고 낮음에 대한 앎. 즉, 누가 수승하고 누가 저열한지, 혹은 누가 신심이 있고 누구의 번뇌가 깊은지 등에 대한 앎.
4. 다양한 습관적 성향에 대한 앎.
5. 수행자의 수행법에 대한 다양한 관심을 앎.
6. 윤회에 머무를 유형과 깨달음을 성취할 유형에 대한 앎.
7. 다양한 삼매에 대한 앎, 다른 이들의 번뇌와 염오가 없는 상태에 대한 앎.

8. 자기 자신과 다른 이들의 전생에 대한 앎.

9. 자기 자신과 다른 이들의 죽음과 삶에 대한 앎.

10. 모든 염오의 소멸에 대한 앎.

그리고 불성은 다음과 같은 네 가지 두려움 없음 역시 갖추고 있다.

1. 내가 완벽하고 온전하게 모든 현상에 대해 깨달음을 얻었다는 주장을 두려움 없이 할 수 있음.

2. 탐욕, 증오 그리고 무지의 번뇌가 윤회로부터 벗어나는 데 있어 장애가 되며, 잘못 인식되는 형상이 모든 현상을 동시에 인식하는 데 장애가 되므로 소멸시켜야 한다는 가르침을 설하는 데 두려움 없음.

3. 윤회로부터의 해방의 길을 가르치는 데 두려움 없음.

4. 어떤 이가 모든 염오를 소멸시켰다고 말하는 것에 대해 두려움 없음.

우리가 이러한 자질들을 이미 갖추고 있기 때문에 우리는 애초부터 완벽하게 좋은 근본심을 가진 깨달은 존재라고 한다.

이것이 불교 수행의 길에 대한 간략하고 일반적인 설명이다. 이제 빠뚤 린뽀체의 시와 그 시에 담긴 특별한 조언에 대해서 살펴볼 차례다.

2부

대완성 수행에 대하여

5 모든 티베트불교의
종파를 관통하는
근본적인 원리에 대하여

나는 모든 티베트불교 종파의 많은 현인들은 그들의 수행 체계
가 궁극적으로는 같은 원칙에서 출발한다고 말하는 것에 큰 관
심을 가지고 있다. 그리고 나는 이 공통적인 근원에 대해서 반드
시 설명해야 한다고 생각한다. 이러한 관점에 논쟁의 소지가 있
을 수도 있겠지만, 여하튼 이 위대한 학자이자 수행자인 분들은
모든 철학-수행 체계가 똑같은 가장 기본적인 통찰, 똑같은 원
칙으로 내려온다고 말한다. 이것이 실제로 그들 모두가 우연찮
게 발견한 최종의 가장 기본적인 경험이기 때문이다. 이러한 말
들을 예의를 갖추느라 할 리가 없다.

　그렇다면 이 모든 종파의 철학-수행 체계가 근본적으로 공유
하는 이 지점은 무엇인가? 나는 이해와 경험이 수반하는 이 근

본적인 자리가 무엇인지에 대해서 굉장한 호기심을 가지고 살펴보았다. 각각의 종파는 다양한 사람들이 특정 요소들을 더 잘 이해할 수 있도록 도와줄 수 있는 그들만의 특별한 용어들을 사용한다. 그러나 이러한 다양한 용어들을 마주할 때마다, 가장 기초적인 원칙에 대한 통찰력을 놓치지 않으면서 이 용어들이 사용되고 있는 문맥과 특별한 의미 그리고 이러한 특정 용어들이 각각의 종파의 교학 체계 안에서 가리키고 있는 것이 무엇인지를 고려해야 한다.

우리가 인도로부터 물려받은 여러 문헌들 속에서 이 기초적인 원칙은 때로는 "근본적인 청명한 빛의 마음"이라고 불리거나 "근본적인 청명한 빛의 지혜"라고 불리는데 이 둘은 같은 의미를 지니고 있다. 또 다른 문헌들은 이 말을 "허공, 허공에 가득 찬 금강"이라고 부르고, 또 다른 문헌에는 예를 들면 "금강심이 없는 붓다와 중생은 없다"라는 맥락에서 "보석처럼 고귀한 마음"이라고도 한다.

한편으로, 티베트의 몇몇 문헌은 이것을 "평상심"이라고도 부르고 "가장 심오한 의식"이라고도 한다. 이러한 용어들은 개념적 사고로부터 자유로운 경지에 대한 설명을 하는 맥락에서 유효하다. 이 개념적 사고로부터 자유로운 경지는, 나중에 더 자세하게 설명하겠지만, 심리적으로 그리고 경험적으로 "스스로 풀림" "벌거벗은 풀림" 그리고 "걸림 없는 관통" 등으로 표현된다. 가장 심오한 의식은 윤회라고 불리는 모든 고통의 순환의 근본이며, 또 한편으로는 (고통으로부터의) 해방, 즉 열반의 근원이기도 하다. 가장 깊은 의식의 흐름 속에서 보자면 모든 현상은 하나의 예외도 없이 완벽하다. 이 의식은 "저절로 일어난 것"이라고도 불리는데, 늘 있어 왔고 앞으로도 그러할 것이기 때문이다.

윤회와 열반의 모든 현상은 이 가장 심오한 의식까지 내려오면 원인과 조건에 의해 새롭게 일어난 것이 아니라 근본적이며 선천적으로 일어난 가장 심오한 의식 속에서 총체적이고 완벽한 것이다. 모든 것이 이 가장 심오한 의식의 영역과 관점 속에 담겨 있다. 가장 낮게는 괴로움 가득한 속세의 모든 현상이 일어나는 그 근본이 이 청명한 빛의 금강불괴심金剛不壞心이며, 가장 높게는 모든 괴로움으로부터 해방된 모든 청정한 현상들이 바로이 가장 심오한 의식 또는 "청명한 빛의 금강심"이라고 불리는 것이다.

이 주제를 탐구하는 것은 일상 속의 마음의 흐름을 넘어서는 우리의 마음을 열어서 우리 내면의 평화를 추구하는 데 있어 큰 의미를 지닌다. 우리는 우리의 이웃들, 더 나아가 세상 속에서 평화를 일구어 내고자 하는 마음으로 이 주제를 탐구해야 한다.

⋮   모든 마음속에 충만해 있는
         가장 심오한 의식

생각할 수 있는 모든 종류의 다양한 마음 역시 청명한 빛의 가장 심오한 의식 안에 존재한다. 얼음은 아무리 딱딱하다 하더라도 물의 속성을 벗어날 수 없다. 마찬가지로 분별적 의식이 제아무리 조잡하거나 거칠더라도 이러한 의식이 일어난 자리 그리고 우리가 더 이상 그러한 생각을 하지 않을 때 이 의식이 사라질 자리는 오직 그 가장 심오한 의식뿐이다.

　분별적 의식 역시 가장 심오한 의식의 영역 안으로부터 나타나며 종국에는 가장 심오한 의식의 영역 속으로 사라진다. 이러한 이치를 20세기 초 닝마빠(구번역파)의 수행자이자 학자인 도둡첸 직메 뗸뻬 니마는 참깨 속에 기름이 두루 존재하듯 청명한 빛 역시 모든 의식에 두루 존재한다고 말한다. 그는 그렇기 때문에 스승(또는 라마)의 가피력과 핵심적인 가르침에 힘입어 모든 의식에 두루 존재하는 청명한 빛의 미세한 특징을 일상적인 생각을 하는 동안 그리고 눈, 귀, 코, 혀 그리고 몸과 연관된 감각 의식이 작동하는 등의 거친 의식 속에서도 찾아낼 수 있다고 결론을 맺는다.

지금이야말로
수행을 시작할 때

그렇다면 어떻게 해야 이 가장 심오한 인식을 우리의 수행에 바로 적용할 수 있을까? 이 의식은 경험을 통해 모든 종류의 의식에 두루 존재하는 청명한 빛과 이 마음에 대한 주의집중 명상 그리고 이에 대한 무념 무분별의 상태에서 주의집중을 지속하는 방법으로 소개되고 있다.

이러한 수행을 통해 청명한 빛이 점점 더 심오해지면서 여러 종류의 거친 생각들이 점점 더 사라지게 된다. 이것이 "모든 상태로부터 해방되는 앎을 통한 근본적인 수행법"이라고 불리는 이유이다. 이 유일무이의 가장 심오한 의식을 경험을 통해 알게되면서, 우리는 가지가지의 속박으로부터 벗어날 수 있게 된다.

이 가장 심오한 의식을 확인하는 데 있어 가장 힘든 부분은 마음(티베트어로는 쎔sems)과 가장 심오한 의식(티베트어로는 릭빠rig pa)을 구분하는 것이다. 말로 이 둘의 차이를 설명하는 것은 쉽다. 즉, "가장 심오한 의식은 인식의 오류에 의해 절대 영향을 받지 않는 반면, 마음은 늘 개념 분별과 인식의 오류의 영향을 받는다." 말하기는 쉽지만 우리의 의식 안에서의 경험이라는 측면에서 말하자면 무척 어려운 것이다. 도둡첸 직메 뗀빼 니마는 비록 우리가 가장 심오한 의식을 명상할 수 있을 거라는 환상을 가지지만 그러한 상태는 사실상 조금 더 깊을 뿐인 피상적 마음의 명료하고 인지적인 면을 명상하고 있을 뿐일 수도 있다는 점을 유의해야 하며, 그렇기 때문에 이러한 면도 잘 살펴야 한다고 말한다. 이 책에서 우리는 티베트 구역파舊譯派인 닝마빠의 문헌을 통해 가장 심오한 의식의 고갱이에 우리들을 자리매김하도록 하는 방법을 배울 것이다. 이 여행이 심리적으로 그리고 영적으로 신명나는 것이기를 바란다.

6   청명한 빛의
본래적 마음

티베트의 닝마빠는 수레(대승, 소승의 승乘)라 부르는 일련의 수행 방식을 가지고 있다.♦ 이 수행 방식들 가운데, 대완성(족첸)의 수레는 닝마빠의 모든 수행 방식 가운데 으뜸이며, 그 이외의 것들은 하위 수행 방식의 관점에서 이루어진 체계이다. 앞서 언급한 가장 심오한 의식과 마음 사이의 구분에 견주어 보자면, 하위 수행 체계들은 마음을 통한 수행이며, 아홉 번째 수레乘인 대완성의 수레는 가장 심오한 의식을 통한 수행의 길이다.

♦ 닝마빠의 수행은 아홉 단계의 수레(theg pa dgu)로, 성문(nyan thos), 연각(rang rgya ba), 보살(byang chub sems dpa), 소작딴뜨라(bya ba'i rgyud), 행 딴뜨라(spyod pa'i rgyud), 요가 딴뜨라(rnal 'byor gyi rgyud), 마하요가(rnal 'byor chen po), 아누요가 (rjes su rnal 'byor) 그리고 아띠요가 혹은 족첸의 단계이다.

애쓰지
말라

근본적으로 보자면 우리 모두가 스스로 존재하는 가장 심오한 의식을 가지고 있다. 그 심오한 의식 속에 머무는 것을 조건으로 할 때, 이 의식은 발가벗음 또는 천연 그대로의 것이며, 이 의식을 수행의 길 그 자체로 삼는 것이라고 가르친다. 이 의식 자체를 수행으로 삼기 때문에, 아홉 번째 수레는 "인위적 노력을 벗어난 수행의 수레"라고 불린다.

이러한 용어를 쓰는 데에는 그 용어 자체가 가지고 있는 특별한 힘이 있기 때문이다. 또한 이러한 용어는 (이 수행 체계의) 특별한 목표에 대한 이해를 함의하고 있기 때문이기도 하다. 이 수행 체계가 인위적인 노력을 벗어난 수행의 탈것이라고 한다고 해서, 아무것도 하지 말라는 것은 아니다. 그저 누워 있다 밥이나 먹는다면 이러한 것은 이 수행을 하는 것이 아니다! 이 단어는 오로지 이 가장 심오한 의식 자체를 수행의 길로 삼아 명상할 것을 요구하는, 보다 심오한 요점을 담고 있다. 다른 수행 체계들의 경우, 마지막까지 가서는 분별을 떠난 청명한 빛의 마음이 현현하기는 하지만, 시작 단계에 개념적 분별을 요구하는 많은 수행을 담고 있다. 이 대완성의 수행승은 시작하는 바로 그 지점부터 개념적 사고를 강조하지 않는다. 그 대신에 아주 특별한 핵심을 꿰뚫는 가르침들을 철저히 의지하면서 가장 심오한 의식을 그 시작부터 강조한다. 이러한 의미에서 아홉 번째 수행의 수레는 인위적 노력으로부터 자유로운 교리라고 불린다.

:   청명한 빛의
       마음의 중요성

사실상 모든 티베트불교 수행 체계들의 궁극적인 가르침들은 근본적이고 본래적인 청명한 빛의 마음을 강조한다. 이들 수행 체제의 중심 사상은 윤회와 열반의 모든 현상들이 근본적인 청명한 빛의 마음의 유희 또는 눈부신 광채일 뿐이라는 것이다. 그러므로 이 모든 윤회와 열반 속 현상들의 근본 그리고 기반은 근본적인 청명한 빛이다. 그러므로 이 수행을 할 때에는, 청정하지 않은 현상들이 떠오른다 하더라도 이들을 정화하려고 애써 노력하지 않는다. 이 불순한 것들 역시 가장 심오한 청명한 빛의 마음에서 나온 것이다. 따라서 수행의 과정 속에서 당신의 수행

그 자체인 청명한 빛의 마음을 그 불순한 것들로 바꾸면 된다.♦
더불어, 근본적인 청명한 빛의 마음 그 자체인 수행의 결과가 마침내 드러나는 순간, 세상의 진면목을 왜곡시키는 것들로부터 분리되는 그 순간이 모든 중생들에게 가장 큰 도움을 줄 수 있는 불성의 결과적 일체지♦♦가 발현하는 순간이다.

⋮ 불교 문헌의
종류

명심해야 할 것은 불교에는 수행만을 가르치는 문헌과 별도로 교학만을 가르치는 문헌이 있지 않다는 것이다. 교학 문헌들은 당신의 현재 수준에서 당장 수행에 응용할 수 없는 복잡하고 지난한 교리들을 설명하기 때문에, 그저 다른 종파 또는 다른 사람들과의 논쟁을 위한 철학적 담론을 제공하는 것이라고 생각할

♦   일반적 사고방식으로는 불순한 것이 일어나면 그것을 청명한 빛의 마음으로 전환한다고 하지만, 족첸 수행에서는 그 반대 역시 가능하다.
♦♦ "결과적"이라는 말을 쓰는 이유는 앞서 말했듯이 깨달은 전과 후의 모든 현상이 청명한 빛의 마음의 소산이기 때문에 굳이 구분을 하자면 그러하다는 것이다.

수도 있다. 그 반면에, 짧고 간결한 문헌들은 수행을 위한 책이라고 생각할 수도 있다. 그러나 이러한 생각은 아주 잘못된 것이다. 붓다의 가르침이 담긴 모든 경전과 그에 대한 주석서들은 모두 깨달음을 얻는 데 필요한 것이라는 점을 명심해야 한다. 또한 지금 이 순간에도 지금이 아니라면 이후에라도 수행에 적용할 수 있는 안내서라는 점을 명심해야 한다. 이 책으로 교학 공부만 하고 저 책으로는 수행만 한다는 것은 우스운 일이다. 복잡한 교리를 체계적으로 설명하는 교리서들은 수행을 진전시키는 데 있어 안내서 역할을 한다. 즉, 교리서들은 수행의 로드맵인 것이다. 또한 수행의 단계들만을 담은 가르침들도 있고, 수행의 요점만을 자세히 다룬 가르침들도 있다. 또한 인도의 수행자들이 지은 시들은 특히나 수승한 수행의 길을 닦는 데서 비롯된 실질적인 경험을 기술한 것이어서 주로 이 수행자들의 경험을 직접적이고 즉각적으로 표현하고 있다. 이러한 즉각적인 게송의 경우, 아주 깊은 수행의 경지에 이른 스승들이 깨달음을 이해할 정도가 되는 수준을 성취한 제자들만을 위해서 읊은 것들이다.

또한 티베트 여러 종파의 여러 수행자-학자들* 역시 그들의 수행을 노래로 표현한 경우가 종종 있다. 내가 여기서 설명하려는 《핵심을 꿰뚫는 세 개의 열쇠》 역시 깊은 수행의 경험을 즉

각적으로 노래한 것이다. 이 수행의 노래는 수행자 빠뚤 최끼왕 뽀(1808~1887)의 마음에서 우러나온 것이다. 빠뚤 린뽀체는 위대한 수행자이자 학자였으며 우리의 마음으로는 범접할 수 없는 분이셨다. 그는 당신 자신을 인내심이 별로 없는 사람이라고 여기셨다. 한때, 많은 제자들이 가까이 모시며 가르침을 듣고자 그의 처소로 몰려들었다고 한다. 그러자 좀 더 조용한 곳에서 수행하고자 다른 곳으로 도망가셨다. 빠뚤 린뽀체께서 도망가셨던 곳은 한 여인이 운영하는 여관이었는데, 이곳에서 머슴을 사셨다. 그동안 주인장은 머슴의 정체가 무엇인지 전혀 알지 못했다고 한다. 마루를 치우는 등 다른 잡일도 굉장히 열심히 하셨으며, 심지어 요강까지 직접 비우셨다고 한다.

린뽀체의 제자들 몇몇이 스님을 찾아 이 지역까지 와서 이 근처에 스승이 머무시는지를 물어보고 다니다 마침내 이 여관 주인을 만났다. 그들이 그녀에게 빠뚤 린뽀체를 보았는지를 묻자 그녀는 본 적이 없다고 대답하면서, 찾는 린뽀체의 용모가 어떠한지 물어보았다. 제자들이 린뽀체의 이러저러한 모습을 설명

◆ 티베트어로 케둡(mkhas grub)으로, 교학적 지식과 수행의 성취(케빠당 둡빠 mkhas pa dang grubs pa)를 뜻한다.

하자 그녀는 "어느 날 그렇게 생긴 남자가 아주 낡은 넝마를 입고 왔길래 제 머슴으로 삼았죠"라고 말했다. 제자들은 단박에 그 머슴이 빠뚤 린뽀체라는 것을 알아차렸다. 그 위대한 수행자를 알아보지 못하고 자기 여관 머슴으로 부렸다는 사실을 알아버린 여주인은 창피함을 못 이기고 내빼 버렸다고 한다.

3부

빠뚤 린뽀체의
《핵심을 꿰뚫는 세 개의 열쇠》의 주석

7   첫 번째 열쇠

가장 심오한 인식의 소개

빠뚤 린뽀체께서 이 게송에서 가르치시는 것은 가장 심오한 의식으로, 대완성의 수행을 밝히는 세 가지 열쇠를 중심으로 구성되어 있다. 빠뚤 린뽀체는 우리 자신을 진리의 중심에 놓는 방법의 핵심적인 의미를 자기 파괴적인 실수로 얼룩진 삶을 끊어 내기 위한 세 가지 본질적 가르침으로 소개하고 있다. 첫 번째 열쇠부터 시작해 보자. 빠뚤 린뽀체의 게송은 이렇게 시작한다.◆

◆ 여기에서 달라이라마가 설명을 시작하는 부분은 실상 게송의 첫 부분이 아니다. 홉킨스 교수는 처음 두 연에 대한 달라이라마의 설명이 총괄적 결론에 더 적합해서 첫 번째 연과 두 번째 연 세 줄을 제일 마지막에 넣었다고 한다. 순서에 맞게 번역된 게송은 마지막 부록 부분에 소개한다.

광대 무한한 (진리의) 식견을

세 개의 열쇠로 꿰뚫네.

I.

첫째, 그대의 마음을 내려놓는다.

일으키지도, 거둬들이지도 않으며 분별하지도 않는다.

이 모두 내려놓은 몰입의 상태에서,

갑자기 팟(phat)을 세게 외쳐 의식을 일깨운다.

강렬하고, 격렬하고, 짧게. 에마호!

그 어떤 것도 경이롭지 않은 것이 없다.

경이로움, 걸림 없는 꿰뚫음.

걸림 없는 꿰뚫음, 언어로는 표현 불가능한.

법신의 가장 심오한 의식을 확인한다.

이 (법신의) 실체는 그대 안에 있으니, 이것이 첫 번째 핵심이다.

이 게송에 대해 간략하게 설명하겠다.

선과 악 등에 대한 많은 분별적 생각이 일어나고 있는 동안에
는 저절로 일어난 가장 심오한 의식을 일견할 수 없다. 예를 들
어, 광장에 있는 수많은 사람들 가운데 어떤 사람이 있다고 말해
주지 않고 그 사람을 찾아내라고 한다면 그 일은 거의 불가능한
일일 것이다. 그러나 만일 그 사람이 어떤 사람인지 먼저 소개
받아서 알고 있다면 그 사람을 많은 사람들 속에서 찾아내는 것
은 어렵지 않다. 마찬가지로 가장 심오한 의식은 마음의 모든 순
간에, 심지어 찰나의 생각에까지 두루 존재하지만 적절한 가르
침을 받지 않는다면 가장 심오한 의식을 그 발가벗은 상태인 채
로는 알아차릴 수 없다. 분별적 사고가 이 가장 심오한 의식을
에워싸고 직접 보는 것을 가로막기 때문이다. 그러나 이 심오한
의식이 무엇인지를 잘 알고 난 다음에는 수많은 생각 속에서도
이 의식을 찾아낼 수 있다.

그러니 논리적으로 분석하기 위해 분별적 사고를 일으키는
등 자신의 마음을 이리저리 끼워 맞추어 애쓰지 않는 상태에서
마음속에 떠오르는 현상에 불과한 여러 사람들, 건물들, 산, 일
거리, 친구, 당면한 골칫거리 등등 세상의 다양한 현상에 대한

생각을 내려놓는다. 그리고 일어나는 현상을 "이것은 이러이러하다"라는 등 확인하거나 알려는 생각을 일으켜서 이 몰입의 상태를 오염시키지 않는다. 이러한 모든 형상과 그에 관련된 생각을 내려놓은 상태를 반드시 지속시켜야 한다. 잡다한 생각에 휩싸이도록 놔두지 않으면서 빠뚤 린뽀체의 가르침을 따라라. **"첫째, 그대의 마음을 내려놓는다."**

⋮ 잠시 생각을 멈추자

저절로 일어난 가장 심오한 의식은 본래부터 그대 안에 존재한다. 원래부터 있던 것이지, 새로 일어났다든가 특별한 조건하에 이루어진 것이 아니다. 그렇다기보다는 이 심오한 의식은 근본적이며 꾸밈없는, 자연스레 흐르는 원초적인 지혜이다. 그렇다는 것을 이제 잘 알았으니 피상적으로 꾸며진 분별 의식들이 일어나지 않도록 하라. 새 생각을 일으키지도 말고, 새로운 생각이 일어났다 하더라도 그러한 생각들을 거둬들이려 애쓰지 않는다. 그 생각들이 사라지도록 놔둔다. 이것을 게송에서는 이렇게 말하고 있다. **"일으키지도, 거둬들이지도 않으며 분별하지도 않 는다."** 어떻게 해 보려는 어떠한 작위적 노력도 하지 않은 상태 에서 무분별적인 자연스러운 의식의 흐름, 즉 자신의 의식의 흐 름에 성성하게 온전히 머무른다. 그 상태에서 모든 분별적 사고 를 한꺼번에 사라지도록 내버려둔다.

예를 들어, 만일 많은 사람이 단체로 함께 움직일 때 몇몇은 멈춰 서고 몇몇은 그대로 간다면 그 단체는 멈춘 것이 아니다. 그렇지만 그 단체의 많은 사람들이 다 한꺼번에 멈춰 서면 그 단체는 완전히 멈춘 것이다.

:　　　충격

그러나 그것만 가지고는 마음이 다시 흐려지고 흐트러지는 것 을 막기에 충분하지 않다. 지복至福, 명료함 그리고 무분별의 경 지를 명상 속에서 체험한다 하더라도 이러한 경험 역시 저절로 일어난 가장 심오한 의식을 일견하고 확인하는 데 방해가 된다. 우리는 이 의식을 제대로 경험하기 위해서는 심지어 지복至福, 명 료함 그리고 무분별의 경지까지도 피해야만 한다. 이 모든 것을 넘어서야만 한다.

그러므로 분별심의 긴장의 영향을 받지도 않고, 이에 오염되지도 않는 이 마음을 내려놓은 상태 안에서, 갑자기 팥^{pat}(팥을 외칠 때 유의할 점은 마지막 'ㄷ'을 발음할 때 혀를 말아서 앞니의 잇몸 뒤에 갖다 대고 소리를 내는 것이다.) 소리를 강렬하고, 격렬하고, 짧게 외친다.♦ 이를 통해 "이것이 이러니저러니", "이것은 이것 같으니 저것 같으니" 등의 남아 있던 모든 분별심의 동요를 단박에 쳐낸다. 이 갑작스러운 '팥' 소리의 외침이 우리의 마음속에 남아 있는 분별심을 몰아낼 것이다. 게송에서는 이렇게 말하고 있다. **"이 모두 내려놓은 몰입의 상태에서, 갑자기 팥^{pat}을 세게 외쳐 의식을 일깨운다, 강렬하고, 격렬하고, 짧게. 에마호! 그 어떤 것도 경이롭지 않은 것이 없다."**

이전 생각들은 사라졌고, 새로운 생각은 아직 일어나지 않았다. 예를 들어, 배가 물살을 가를 때, 물이 양쪽으로 갈라지면서 배의 앞 바로 아래쪽에 빈 공간이 생기고, 선미 쪽의 배 지나간

♦ paṭ을 한국어로 전사할 때 ṭ를 ㅌ으로 전사할 수도 있지만, 한국어에서는 종성규칙에 따라 ㅆ, ㄷ, ㅊ, ㅈ, ㅌ은 발음이 모두 'ㅅ'으로 나며 ㅌ의 경우 곡물 팥을 연상할 수 있어서 'ㄷ'으로 대체한다.

자국에도 빈 공간이 생기는 것과 비슷한 것이다.

팥 소리를 내지르는 순간에, 그대가 이전의 분별심을 이제 일으키지 못할 때, 즉 이전 생각을 내지 못할 때와 새 분별심을 일으키기 직전의 사이에, 즉, 어떠한 개념적 분별도 일으키지 않고 있을 때, 거기에 경이로움, 명료함, 성성함 그리고 순전한 앎이 있다.

만일 그대가 믿음, 강렬한 관심 그리고 스승의 본질적인 가르침을 지니고 있다면, 순간적으로 분별심을 비려 버린 그 자리에 남은 것은 그 어떤 것이라고도 인식하지 못할 일종의 충격일 것이다. 분별심이라는 옷을 갑자기 벗어던지게 되면, 그대는 경탄, 대경실색 그리고 경이로움이라고밖에 표현할 수 없는 상태에 남겨질 것이다.

의식의 충격에는 여러 가지 종류가 있다. 그중 하나는 아무것도 생각하지 않는 상태에서 눈을 감았을 때이고, 다른 하나는 마음이 너무 **빡빡**하거나 느슨하지 않은 상태의, 분별심의 오염에서 자유로운 무분별의 상태이다. 다른 충격도 있다. 이 순간에는 분별심을 일으키지도 거둬들이지도 않음이 사물에 대한 분별력을 잃어버리는, 경이로움의 지점까지 나아간다.

이 충격과 함께 의식의 활동은 갑자기 멈춘다. 예를 들어, 개가 옆에서 갑자기 짖으면 순간 아무것도 생각할 수 없는 아연한 상태에 빠질 것이다. 이 수행을 하는 동안, 당신은 가지가지의 생각들과 홀연히 일어난 새로운 분별심에의 속박으로부터 벗어날 수 있을 것이다. 그러나 이 상태가 기절한 것과 같은 상태는 아니다. 그와 반대로 의식이 여전히 성성하기 때문이다.

여러 문헌들이 일상적으로 경험하는 의식이 그 힘을 잃고 분별적 인식이 시작할 수도 없는 그 의식의 상태와, 그리하여 그 일어난 분별 의식과 일어날 분별 의식이 멈춘 그 사이의 발가벗은 가장 심오한 의식이 일정 기간 현현할 수 있다는 것을 명백하게 설명한다. 위대한 티베트의 학자 망또 훈둡 갸초는 이에 대한 다음과 같은 많은 근거들을 인용한다.

이전과 이후의 분별들 사이에, 가장 심오한 의식의 명료한 빛이 온전한 상태로 남아 있다.

이 이전과 이후의 생각 사이의 간극에 가장 심오한 의식이 현현하는 순간을 알아차릴 수 있는 손쉬운 기회가 있다.

그러므로 이 상태의 의식의 충격은 경이로움일 뿐만 아니라 걸림 없이 꿰뚫는 상태이다. 그래서 빠뚤 린뽀체는 이 경지를

"경이로움, 걸림 없는 꿰뚫음"이라고 말씀하신다.

이 상태의 본질이 바로 그러하다는 것을 경험의 맥락 속에서 알아야 한다. 그렇게 기술하지 않는다면 그 이상은 형언 불가능하다. 그래서 빠뚤 린뽀체는 **"걸림 없는 꿰뚫음, 언어로는 불가능한"**이라고 말씀하신다. 이 의식을 법신의 가장 심오한 의식이라고 '부르지만', 이 의식은 존재와 비존재라는 등의 어떠한 극단의 상태로도 존재하지 않기 때문에 언어라는 한계를 가진 매체로는 이 의식을 설명할 수 없다.[*]

그러나 이것이 무엇인지 모르면 이 대완성의 시각을 명상 중에 유지할 수 없다. 가장 심오한 의식의 상태를 지속시키는 이 대완성의 명상법은 어떠한 대상에 '대해서' 명상하는 것이 아니라 그 명상의 경험 자체에 머무는 것이다.

이처럼 가장 심오한 의식의 상태인 대완성의 명상에 머무는

---

[*] 존재, 비존재 등의 극단은 네 가지 극단으로 어떤 것이 원인과 결과, 즉 인과因果하지 않고 자기 스스로 존재하기 위해서는 있음, 없음, 있음과 없음, 있음이 아님과 없음이 아님이라는 같은 네 극단 가운데 하나에 속해야 하지만, 그러한 존재는 없다. 그리고 인간의 언어는 사물에 대한 분별적 사고이기 때문에, 네 극단에 현상을 끼워 넣고 생각하지 않는 한 온전하게 표현할 수 없다. 따라서 달라이라마는 이 가장 심오한 의식의 상태는 형설불가라고 말한다.

것을 넘어서 앞서 도둡첸이 명확하게 설명했듯이 만일 당신이 세상의 모든 현상을 저절로 일어난 가장 심오한 의식의 활활 발발한 화현으로 볼 수 있다면, 모든 현상이 불변의 자성이 인과 연으로부터 독립적으로 존재하는 자성을 그 안에 가지고 있다든가 모든 현상 그 자체가 불변의 자성이라고 보는 것은 불가능하다는 것을 그리고 모든 존재가 오직 분별에 의해 일어난 허상에 불과하다는 것을 알 수 있을 것이다. 가장 수승한 진리(진제眞諦 혹은 승의제勝義諦)라고도 불리는 이 가장 심오한 인식을 알 수 있다면 그리고 열반과 윤회의 모든 현상이 이 가장 심오한 의식의 광채라는 사실을 확인한다면, 그동안 모든 청정하거나 혹은 청정하지 않은 현상들은 교학서들에서 설명하듯 오직 명목상으로만 존재할 뿐이라는 것을 이해하게 된다. 당신은 감각기관에 일어나는 모든 앎의 대상이 우연한 것이며 자성이 없다는 것을 이해한다. 비록 모든 현상은 무시이래로 인연의 힘에 의지하지 않고 자기 스스로 이루어진 것이 아니지만, 그럼에도 이 현상들은 마치 스스로의 힘으로 존재하는 듯 보인다. 실재와는 반대로 이처럼 스스로 존재하는 것처럼 보이는 존재에 우리는 집착한다. 이 대완성의 명상 속에서 당신은 이 인식의 오류가 여러 가지 좋고 나쁜 행동을 일으키고, 이러한 선행과 악행의 반복으로 생기는 축적적 습관(훈습薫習)에 속박되게 만들며, 종국에는 윤회의 사슬에 얽매이게 된다는 것을 알 수 있다.

가장 심오한 인식을 파악하고, 그 심오한 인식에 대한 앎을 명상 속에서 올바르게 유지하는 데 중요한 것은 대완성의 명상을 하기 전에 이 마음이 어디서 일어나고, 어디에 머물며, 어디로 사라지는가에 대한 사색 및 여러 분석 명상의 수행을 해야 한다는 것이다. 대완성의 수행에 앞서 이러한 예비 수행을 하는 데는 위대한 스승들께서 쓰신 책들이 큰 도움이 될 것이다.

만일 당신이 모든 현상을 가장 심오한 인식의 활활발발한 발현으로 볼 수 있고, 이 마음의 영역에서 벗어나지 않을 수 있다면, 세속적인 개념들의 영향을 벗어날 수 있다. 이렇게 당신이 당신의 가장 근본적인 본질을 제대로 인식하고, 그 본질의 의미를 끊이지 않고 즉각적으로 확인할 수 있으며, 이러한 삼매 속에서 영원히 머물 수 있다면, 이 몸이 세상에 있다 하더라도 당신은 깨달은 것이다.♦

♦ 즉, 이러한 조건을 갖추지 못한 수행자는 깨달은 것이 아니라는 말이다. 달라이라마는 언제나 자기 자신은 깨닫지 못한 사람이지만, 늘 깨달음을 향해 나아가는 사람이라는 점을 역설한다.

8   가장 수승한
휴식

구역파와 마찬가지로 신역파의 여러 종파 역시 청명한 빛의 마음이 발현할 때, 위대한 수행자들은 휴식을 취한다고 말한다. 앞서 이야기한 구역파의 가장 심오한 인식에 대한 담론에서 약간 벗어나 이 청명한 빛의 마음에 대한 이야기를 조금 해 보자. 이 청명한 빛의 마음에 대한 탐구는 구역파와 신역파를 망라한 모든 티베트불교 종파들이 공유하는 최고의 원리이기 때문이다.

이 수행의 길에 필요한 것은 모든 주체와 객체를 나누는 이원론적인 그리고 분별적인 망상(또는 희론戲論)을 근본적인 청명한 빛의 마음속으로 사라지게 또는 소멸되게 하는 것이다. 왜 그럴까? 그렇게 함으로써 당신은 그 현상들의 본질과 기원을 이해할 수 있을 것이고, 뭇 생명을 위해서 육신을 가진 모습으로 화현하는 법을 배울 수 있기 때문이다. 그렇다면 "이원론적이고 분별적인 망상"이란 무엇일까?

의식의
종류

많은 문헌들은 마음 혹은 거친 의식부터 미세한 의식까지 의식의 다양한 범주를 소개하고 있다.* 가장 거친 수준의 의식은 시각, 후각, 청각, 미각 그리고 촉각 등의 감각기관과 연관되어 있는 의식이다. 그보다 미세한 의식은 심의식_{心意識} 또는 우리가 일반적으로 생각 또는 생각하는 마음이라고 부르는 것으로 그 자체가 일반적인 생각 같은 거친 의식부터 깊은 잠 속의 의식과 숨이 멈춘 채로 기절한 상태의 의식 같은 가장 심오하고 가장 미세한 청명한 빛의 마음까지 걸쳐 있다.

불교적 관점에서 보자면 비록 거친 의식들은 그 시작과 끝이

◆ 의식의 거칠고 미세함은 알아차리기 쉬운 정도이다. 예를 들어, 거울에 비친 햇살이 눈에 닿았을 때, '눈이 부시다'라는 생각은 쉽게 알아차릴 수 있기 때문에 거친 의식이다.

있지만, 미세한 마음에는 시작도 끝도 없다. 미세한 마음은 시작도 끝도 없이 끊임없이 항상 거기 있으며, 따라서 업의 인연과 결과 역시 그 시작이 없다. 아주 특별한 명상의 상태를 제외하고는 이 가장 미세하고 가장 깊은 의식은 오직 우리가 죽을 때 드러난다. 그러나 이번 생과 아직 덜 단절된 상태의 청명한 빛의 마음은 아주 짧은 순간 드러나기도 하는데, 그것은 잠에 들기 일보 직전이나, 꿈에서 막 빠져나올 때, 재채기나 하품을 할 때 그리고 성적인 희열을 느낄 때이다.* 죽음의 마지막 순간에 청명한 빛의 마음이 드러나면, 우리 삶에서 헛되이 늘어나기만 하는 망상이 모두 청명한 빛의 마음속으로 사그라진다.

죽음의 과정에 대한 고찰은 우리 마음의 수위를 점검할 수 있는 매우 효율적인 방법이니 이 자리에서 좀 더 자세히 살펴보도록 하자. 죽음은 다음과 같은 4대 원소의 순차적 융해 또는 소멸을 통해 일어난다.

- 흙의 원소: 뼈와 같은 몸의 딱딱한 물질들로 의식을 받쳐

◆ 이러한 순간들에 청명한 빛의 마음을 엿볼 수 있다고 하는 근거는 의식은 명료하지만 몸을 움직일 수 없게 되는 매우 찰나의 순간이라는 점이다.

주는 역할을 한다.

- 물의 원소: 침, 위액, 담즙과 같이 몸에 있는 액체들로 의식을 받쳐 주는 역할을 한다.
- 불의 원소: 체온과 같이 몸의 열로 의식을 받쳐 주는 역할을 한다.
- 바람의 원소: 몸 안에서 움직이는 에너지로 의식을 받쳐 주는 역할을 한다.

일상의 삶 속에서, 이러한 원소들은 의식의 탈것 또는 기반으로 작용한다. 즉, 이 원소들은 말과 같은 것이고, 의식은 기수와 같은 것이다. 죽음의 과정은 의식을 받쳐 주는 이 네 원소가 흙의 원소부터 시작해서 하나씩, 하나씩 순차적으로 그들의 기력이 떨어지며 다음 원소로 넘어가는 것이다. 즉, 의식을 받쳐 주던 뼈와 같은 몸의 딱딱한 물질을 지배하는 흙의 원소의 힘이 사라지면서 물의 원소로 넘어가는 것이다. 따라서 이 순차적 원소의 융해 과정 속에서 이전 원소가 사라짐에 따라 그다음 단계에서 의식을 받쳐 주는 원소의 능력이 증가된다.

:   죽음의
      여덟 단계

죽음의 단계는 다음과 같다.

1. 의식을 받쳐 주는 뼈와 같은 몸속의 딱딱한 물질을 담당하
   는 흙의 원소들이 피, 담즙과 같이 몸속의 액체를 담당하
   는 물의 원소 속으로 융해한다. 몸으로 느낄 수 있는 이 과
   정의 징후는 당신의 몸이 점점 왜소해져 간다는 생각이 드
   는 것이다. 마음으로는 사막에서 볼 수 있는 오아시스의
   신기루나 뜨거운 고속도로 위의 아지랑이와 같은 것들을
   본다.

2. 그다음으로 의식을 받쳐 주는 물의 원소가 몸의 체온과 같
   은 불의 원소 속으로 융해한다. 몸으로 느낄 수 있는 이 과
   정의 징후는 몸의 체액이 말라 가는 것이다. 입 안의 침이
   다 말라 버리고, 코가 쭈그러들며, 오줌, 피, 정액, 땀 등이
   말라 버린다. 마음으로는 굴뚝에서 뿜어져 나오는 연기 또
   는 방 전체에 가득 찬 연기와 같은 것을 본다.

3. 다음으로 의식을 받쳐 주는 몸의 체온 등을 담당하는 불의
   원소가 바람의 원소 속으로 융해된다. 바람의 원소는 들
   숨, 날숨, 트림, 뱉기, 말하기, 삼키기, 관절 움직이기, 사지
   를 펴고 웅크리기, 입과 눈꺼풀의 열고 닫기, 소화, 소변 보
   기, 대변 보기, 생리와 사정과 같은 몸의 기능을 담당한다.
   몸으로 느낄 수 있는 이 과정의 징후는 체온이 내려가면서
   음식물을 소화할 수 없게 되고 호흡이 힘들어진다. 날숨은
   점점 길어지고, 들숨은 점점 짧아진다. 그리고 목에서는
   골골거리는 소리 혹은 숨을 못 쉬어서 나오는 헉헉 소리가
   난다. 마음으로는 밤중에 날아다니는 반딧불, 모닥불에 올
   려놓은 가마솥의 바닥에 붙은 숯 검댕이 깜빡이는 것 혹은
   연기 속의 불똥 같은 형상을 본다.

4. 다음으로 당신의 몸속 에너지의 움직임이 융해하면서 더
   이상 코로 숨 쉴 수 없게 된다. 이때 당신은 깜빡이는 버터
   램프 불꽃 위 또는 더 이상 태울 것이 남지 않은 초의 깜빡
   거리는 불꽃 위의 빛을 본다. 그러고 나서 이제는 깜박거
   리던 불꽃이 흔들림 없이 안정적으로 타는 것을 본다.

그다음의 마지막 네 단계의 죽음은 분별 의식의 순차적 소멸을 필요로 한다. 이러한 분별 의식들은 다섯 감각기관과 연관된 의식보다는 미세하지만, 즉 인식하기는 어렵지만 아직 거친 수준의 마음이다. 이러한 수준의 마음들은 세 그룹으로 나눌 수 있는데, 이 분류는 마음이 타는 강, 중, 약 세 종류의 바람 또는 에너지와 연관된 것이다.

- 첫 번째 그룹의 마음은 대상에 반응해 격하게 움직이는 에너지와 관련된 마음으로 공포, 집착, 배고픔, 갈증, 연민, 물욕, 질투 등 서른세 가지 분별적 경험이 이에 속한다.
- 두 번째 그룹의 마음은 대상에 반응해 중간 정도로 움직이는 에너지와 관련된 마음으로 즐거움, 놀라움, 관대함, 키스하고 싶은 욕구, 영웅심, 비관대함, 비뚤어짐 등을 포함하는 마흔 가지 분별적 경험이 이에 속한다.
- 세 번째 그룹의 마음은 대상에 대한 에너지의 아주 약한 움직임과 관련된 마음으로 망각, 신기루를 보는 것과 같은 착각, 긴장성 분열증, 우울증, 게으름, 의심, 미워하면서도 원함의 일곱 가지 분별적 경험이 이에 속한다.

이러한 세 가지 분별적 경험의 종류는 점점 더 이원론적인 인식이 멈춘, 보다 깊은 수위의 의식들의 소산인데, 의도적으로 깊은 삼매에 빠지거나 자연적으로 깊은 잠에 빠지거나 죽을 때 이들 세 종류의 의식보다 거친 수위의 의식들이 소멸하면서 드러나기 때문이다.

이와 같은 총 여든 가지의 분별 의식이—말을 타는 기수처럼— 타는 에너지들이 소멸할 때, 의식이 의지하는 기반은 거친 수위의 에너지로부터 미세한 수위의 에너지로 바뀌어 '미세한' 수위의 의식들이 드러날 수 있도록 한다. (이러한 미세한 수위의 에너지를 불교에서는 '미세한 바람'이라고 부른다.) 이 세 수위의 의식을 지나 내려가면서 당신의 의식은 점점 더 비이원론적이 되어 가며 주체와 객체라는 생각도 옅어진다. 이들이 마침내 의식의 '매우 미세한 수위', 즉 청명한 빛의 마음까지 이끈다. 만일 당신이 이 청명한 빛의 마음을 이때 수행한다면, 최상의 효과를 거둘 것이다. 여기에 죽음의 최종 심층의 네 단계를 소개한다.

5. 마치 기수와 말의 관계처럼 가지가지 종류의 의식의 탈것 역할을 하는 에너지들이 사라질 때, 당신의 마음 자체가 두루 존재하는, 거대하고 생생한 흰색 광활함으로 변한다.

이 상태는 맑은 밤하늘에 가득 찬 달빛으로 종종 묘사되는데, 이것은 허공을 비추는 달빛이 아니라 하늘에 가득 찬 흰색 달빛을 의미한다. 분별적 사고가 사라지고, 당신의 의식 자체인 이 생생한 흰색 이외에는 그 어떤 것도 나타나지 않는다. 그러나 여전히 미세한 정도의 주체와 객체의 구분이 아직 남아 있어서, 이 상태는 여전히 약간은 이원론적이다. 이 상태의 미세한 의식을 "생생한 백색 형상의 마음"이라고 부르는데, 달빛 같은 형상이 떠오르기 때문이다. 이 마음은 또한 "공함"이라고도 불리는데 분별 의식과 그 분별 의식이 타고 있던 에너지들(바람들)의 이원론적 사고를 넘어서기 때문이다.

6. 생생한 백색 형상의 마음과 그 마음이 타고 있던 에너지가 사라질 때, 당신의 마음은 이전보다 더 생생한 붉은색 또는 주황색의 광활함으로 바뀐다. 이외에는 어떤 것도 나타나지 않는다. 이 의식의 상태는 이전의 마음의 상태보다 조금 덜 이분법적이다. 이 상태의 의식은 매우 생생한 햇살처럼 떠오르기 때문에 "증가하는 형상의 마음"이라고 부르며 이전 마음의 형상과 그 마음이 타고 있던 에너지를

넘어서는 것이기 때문에 "매우 공함"이라고도 한다.

7. 붉은색 또는 주황색의 증가하는 형상의 마음과 이 마음이 타고 있던 에너지가 소멸하면, 당신의 마음 자체가 보다 더 미세한, 생생한 검은색의 상태로 바뀐다. 이외에는 어떤 것도 보이지 않는다. 이 의식의 상태는 "성취에 가까운 마음"이라고 하는데 청명한 빛의 마음의 현현에 매우 가까워졌기 때문이다. 이 검은색 광활함의 마음은 달빛조차 없는 상태, 즉 별들도 볼 수 없는 일몰 직후의 칠흑 같은 어둠과 같은 것이다. 이 검은색 성취에 가까운 마음의 첫 번째 단계에서, 당신은 매우 짙은 어둠 속에서 마치 기절한 것처럼 의식을 잃는다. 이 상태의 마음이 "성취에 가까움"이라고 불리는 것은 청명한 빛의 마음의 현현이 가까워졌기 때문이다. 이 마음은 또한 "대단히 공함"이라고 불리기도 하는데, 그 직전의 생생한 붉은 형상의 마음과 그 마음이 타고 있던 에너지보다 주체와 객체의 이분법적 마음이 더 희미해졌기 때문이다.

8. 검은색 성취에 가까운 마음이 사라질 때, 당신의 마음 자

체가 청명한 빛의 마음이 된다. "청명한 빛의 근본 마음"은 가장 미세하고 심오하며 강력한 수위의 의식이다. 이 의식은 완전히 비분별적이고 비이분법적이어서, 달빛, 햇빛 또는 어둠까지도 모두 사라진 해가 떠오르기 한참 전의 맑은 하늘의 자연스러운 상태와 같다. 이 가장 깊은 수준의 의식이 "청명한 빛의 근본 마음"이라고 불리는 이유는 시간에 얽매여 일어나거나 사라지지도 않기 때문이다. 이 청명한 빛의 마음과는 달리 검은색 성취에 가까운 마음, 붉은색 증가하는 형상의 마음, 흰색 형상의 마음 등의 마음들은 '새롭게' 생성된 것이고, 조건과 상황에 따라 사라질 수밖에 없기 때문에 한시적이고 우발적이다. 청명한 빛의 마음은 "완전히 공함"이라고 불리기도 하는데, 이 마음이 분별 의식의 시각을 완전히 벗어났으며 또한 흰색, 붉은색·주황색 그리고 흑색 형상을 넘어섰기 때문이다.

요약하자면, 죽음의 과정이 실제로 시작되면, 당신은 여덟 단계를 거쳐 죽음에 이른다. 처음의 네 단계는 몸을 이루던 4대 원소가 소멸하는 과정이며, 다음의 네 단계는 미세한 의식이 소멸하면서 청명한 빛의 마음이라 불리는 가장 심오한 수준의 의식까지 내려가는 것이다.

청명한 빛의 마음까지 도달하는 과정은 사람에 따라 빠를 수도 느릴 수도 있다. 어떤 사람들은 죽음의 청명한 빛의 마음에 몇분 정도만 머물기도 한다. 또 어떤 사람들은 두 주나 세 주 동안그 상태를 유지하기도 한다. 이 과정을 잘 아는 수행자의 경우,이 상태를 매우 귀중한 수행의 기회로 삼는다. 청명한 빛의 마음을 의식하고 있는 사람들은 이 상태를 더 오랫동안 유지할 수 있으며, 이전에 얼마나 수행을 했는지에 따라 심지어는 모든 현상의 자성이 공하다는 진실을 깨닫는 기회로 사용할 수도 있다.

몇몇 내 동료 수행자들은 실제 죽음과 '비슷한' 영역에 머물면서 아주 깊은 정도까지의 의식의 소멸을 경험했다고 내게 말했다. 몇몇 티베트인들의 경우, 의학적으로 사망 선고를 받은 뒤에도 꽤 오랫동안 육신이 부패되지 않은 채 머무르기도 한다. 최근에는 사꺄파의 한 라마의 몸이 이십 일 넘게 부패하지 않은 채로 남아 있기도 했다. 그는 인도의 다람살라에서 '돌아가셨지만', 이곳 다람살라에 그의 시신이 있는 동안 명상의 상태에 머물러 있었다. 그리고 그의 시신이 데라둔의 라즈뿌르 지역으로 옮겨졌을 때도 여전히 썩지 않고 있었다는 사실은 주목할 만하다. 나는 짧게는 이삼 일부터 길게는 삼 주까지 사망 후에도 몸이 썩지 않은 채로 남아 있던 티베트 수행자를 약 열다섯 명 정도 알고 있다. 나의 장년기 스승이신 선대 링 린뽀체께서는 십오 일간 머무셨다.

내 수행의 토대는 모든 현상은 영원하지 않음(제행무상諸行無常), 일어난 모든 것은 괴로움임(일체개고一切皆苦), 모든 현상은 자성이 공함(일체개공一切皆空) 그리고 모든 현상은 나라고 할 것이 없음(제법무아諸法無我)에 대한 사색이다. 이에 더해서 매일매일 수행하는 여덟 가지 다른 의식들의 하나로 나는 죽음의 단계에 대한 수행을 한다. 나는 흙의 원소가 물의 원소 속으로 융해되고, 물의 원소가 불의 원소 속으로 융해되는 등 여덟 단계의 융해를 그려 본다. 내가 어떤 심오한 경험을 했다고 주장할 수는 없지만, 내가 모든 나타난 것의 소멸에 대한 상상을 필요로 하는 의식을 할 때 숨이 잠깐 멈췄다. 만일 어느 수행자가 이 단계적 소멸을 좀 더 시간을 가지고 철저히 한다면 내 경험보다 훨씬 완벽한 경험을 할 수 있으리라 확신한다. 내가 매일매일 하는 수행 중의 하나가 내 자신을 최상의 정신과 몸을 가진 것으로 보는 본존요가本尊瑜伽이다. 이 본존요가 역시 죽음을 관할 필요가 있기 때문에 나는 죽음의 단계에 점점 더 익숙해지고 있다. 이를 통해 내가 실제로 죽음을 맞을 때, 이러한 죽음의 단계들이 익숙한 것이 되기를 기대한다. 그러나 내가 죽음을 맞이하고도 정말 그렇게 할 수 있을지 없을지는 나 역시 장담할 수 없다.

죽음의 마지막 단계에서, 모든 거친 의식들이 근본적이고 본유적인 청명한 빛의 마음인 일체공一切空 속으로 융해될 때, 세계의 무수한 대상들, 더불어 같고 다름과 같은 모든 분별적 개념들이 이 가장 미세한 마음속에서 잠잠해진다. 이때, 당신을 둘러싼 모든 현상과 존재들의 형상이 저절로 잦아든다. 수행을 하지 않는 이들이라 할지라도, 거친 형상들 또한 잦아들 것이다. 그러나 이러한 세속적인 형상의 잦아듦은 명상을 통해 성취한 진리를 일견함으로써 이루어지는 것은 아니다. 마지막 단계에서 가장 미세한 의식을 나르던 한시적인 바람들이 모두 소멸하면, 모든 이들의 마음이 (수행자와 비수행자에 관계없이) 분별심이 사라지며, 청정한 열림의 마음이 떠오른다.

:　　수행 속에서
　　가장 깊은 수준의 마음을 이용하기

수행자라면 모든 생명이 다 경험하는 세속적 형상의 부재인 평범한 공성 이상의 것을 찾아야 한다. 청정한 빛이 떠오를 때, 당신은 청명한 빛의 마음 자체로서 특별한 자성의 공함을 깨달을 수 있도록 노력해야 한다. 이 깨달음은 청명한 빛의 마음의 상태에 도달했을 때 노력해서 될 것이 아니다. 이 깨달음은 죽음을 맞닥뜨리기 오래전부터 마음의 소멸의 단계에 대한 익숙함의 힘으로부터 그리고 흰색, 붉은색·주황색 그리고 검은색 형상의 세 가지 마음이 순차적으로 소멸하고 나타나는 동안의 공성에 대한 강력한 선정의 힘으로부터 나오는 것이다. 만일 당신이 죽음의 순간의 청명한 빛을 완전히 단련된 수행의 의식으로 바꿀 수 있다면, 마음은 그 자신의 진면목인 근본 마음의 실체를 알아볼 것이다.

이것이 미세한 마음을 수행에서 보다 강력하고 효과적으로 사용하는 방법이다. 더불어 이는 지속적인 수행의 중요성을 말해 준다. 이 가장 심오한 의식은 일상의 삶 속에서 늘 일어나지만 잘 알아차리지 못하며, 설사 알아차린다 하더라도 그 기회를 제대로 활용하지도 못하고 있다. 죽음의 단계는 이러한 우리의 깊은 마음의 상태를 그린 지도이다.

죽음의 여덟 단계는 죽을 때만이 아니라 잠에 들 때도, 꿈에서 깨어날 때도, 재채기할 때도, 기절할 때도 그리고 성적인 희열을 경험하는 동안에도 순차적으로 일어난다. 그리고 죽음의 과정이 완전히 완료된 다음뿐만 아니라 또한 잠에서 깰 때, 꿈을 꾸기 시작할 때, 재채기를 끝낼 때, 기절했다가 일어날 때 그리고 성적인 희열이 끝날 때는 이 여덟 단계를 역순으로 올라간다.

죽음에 이르는 여덟 단계의 순행

1. 신기루의 형상
2. 연기의 형상
3. 반딧불의 형상
4. 램프의 불꽃의 형상
5. 생생한 흰색 형상의 마음
6. 생생한 붉은색·주황색 형상의 마음
7. 검은색 성취에 가까운 마음
8. 청명한 빛의 마음

죽음으로부터 나오는 여덟 단계의 역행

8. 청명한 빛의 마음
7. 검은색 성취에 가까운 마음
6. 생생한 붉은색·주황색 증가하는 형상의 마음

5. 생생한 흰색 형상의 마음

4. 램프의 불꽃의 형상

3. 반딧불의 형상

2. 연기의 형상

1. 신기루의 형상

　순행의 과정 속에서는 보다 거친 수준의 의식들, 즉 다섯 감각과 연관된 의식과 우리의 일상적인 생각 그리고 세 가지 미세한 수준의 의식들은 모두 근본적이고 본래적인 청명한 빛의 마음속으로 사라진다. 이처럼 이 모든 거친 수준의 의식들이 이 근본 마음에는 없기 때문에 "크게 공함"이라고 부른다. 이 마음은 매우 강력하지만, 죽음의 경우처럼 모든 거친 수준의 의식들이 자연스럽게 사라지면 이 청명한 빛의 마음에 머물 수 있는 어떤 힘도 없다. 이 마음에 머물 수 없기 때문에, 소멸의 단계가 순차적으로 모두 끝나면 바로 역행의 과정이 시작되고, 이분법적이고 분별적인 망상의 현상이 다시 일어난다. 이 소멸의 순행과 재생의 역행이라는 두 과정은 근본적이고 본유적인 청정한 빛의 마음을 따른다. (보다 자세한 설명과 죽음의 단계에 대한 수행은 달라이라마의 책《Mind of Clear Light》를 보라.)

신역파에 속하는 티베트불교 종파의 어휘를 빌려 설명하자면, 업의 훈습을 불러일으키는 모든 분별 망상은 청명한 빛의 마음이 드러나게 하기 위해서 소멸되어야 하는 '형상의 마음, 증가하는 형상의 마음, 성취에 가까운 마음'보다 훨씬 더 거친 마음들이다. 청명한 빛의 마음을 현현하게 한다 하더라도 만일 우리가 그 마음에 머물 수 없다면 성취에 가까운 형상, 증가하는 형상 그리고 형상의 마음이 다시 역순으로 생성될 것이고, 여든 가지 분별심이 일어날 것이며, 이러한 분별심으로부터 청정하지 못한 행동들이 다시 발생할 것이라, 그 결과 업을 다시 쌓게 될 것이다. 이것이 화를 불러일으키는 일련의 과정이다. 그러나 여든 가지 분별심 및 형상의 마음, 증가하는 형상의 마음, 성취에 가까운 마음이라는 세 마음이 소멸한 다음에 우리가 청명한 빛의 마음에 머무른다면, 분별심과 번뇌는 일어날 수 없다. 이 청정한 빛의 마음의 상태에 머무는 것을 통해 우리는 분별심의 한계를 벗어날 수 있다. 아무리 심각한 번뇌라 하더라도 이를 방해할 수 없다. 이것이 진짜 휴식이다.

:   모든 의식 속에 깃들어 있는
       청명한 빛

이상이 신역파의 티베트불교 종파들이 설명하는 청명한 빛의
마음에 대한 설명이다. 그러나 대완성 명상의 심오하고 독특한
면모는 모든 의식 속에 존재하는 청명한 빛의 마음으로부터 비
롯한다. 명상 수행을 통해 모든 거칠고 미세한 마음과 그 마음이
타고 다니는 에너지를 모두 잠재운 뒤에 근본적이고 본래적인
청명한 빛의 마음이 모습을 드러낼 때까지 기다리는 대신에 대
완성의 수행은 완전히 다른 접근 방식을 택한다. 즉, 만일 우리
가 여섯 종류의 의식의 활동 속에 늘 존재하는 금강불괴심金剛不壞
心의 실체를 이해할 수 있다면 윤회와 열반의 모든 현상이 이 근
본심의 활동이라는 것을 이해할 수 있을 것이고, 이를 통해 모든
현상은 이 근본적인 청명한 빛의 마음의 화현일 뿐, 고유의 자성
을 지녀서 홀로 존재할 수 없다는 것을 깨닫게 될 것이다. 용수
보살의 《왕에게 보내는 편지(용수보살권계왕송龍樹菩薩權戒王頌)》에 나
오듯, 윤회가 거짓으로 드러날 수밖에 없는 이유는 윤회가 잘못
된 원인, 즉 무지함(혹은 무명)으로부터 일어났기 때문이다. 가장
심오한 의식 그 자체는 당연히 거짓이 아니다. 그러나 윤회와 열

반의 현상들은 가장 심오한 의식의 활발한 화현임에도 가장 심오한 의식처럼 참되게 현현하지 않는다. 이러한 관점에서 모든 윤회와 열반의 현상들은 사실상 참이 아닌 것이다. 이것을 명료하게 깨달음으로써 우리는 필연적으로 이 모든 현상은 모두 명목상으로 존재한다는 것을 이해할 수 있게 된다. 도둡첸께서는 우리가 모든 일어나는 인식의 대상들이 가장 심오한 의식의 발현이라는 점을 확인할 수 있다면 우리는 필연코 모든 현상이 단지 분별심의 망상이 빚어낸 것일 뿐이라는 최상의 철학적 관점을 이해하게 될 것이라고 말씀하셨다.

대완성의 수행은 마음의 원초적 실체에 대한 명료한 앎의 경험 속에 머물면서 모든 윤회와 열반의 현상을 이 마음의 발현으로 보는 것이다. 대완성의 수행은 논리를 통한 자성의 부정 또는 현상을 단지 명목상의 존재에 불과하다는 깨침에 대해서는 말하고 있지 않다. 그러나 이러한 요소들은 가장 심오한 의식인 청명한 빛의 마음의 유희, 즉 발현에 불과하다고 이해한다면 알 수 있는 부산물로 이해할 수 있다. 그러므로 신역파의 종파들이 제시하는 중관 사상들 속에서 찾을 수 있는 공성에 대한 이해의 가장 중요한 정수는 이 대완성의 수행 속에 다 들어 있는 것이다.

9   모두 선한
금강불괴심

대완성의 수행 속에서, 저절로 일어난 청명한 빛은 "모든 선함" 그리고 "무시무종의 마음-주인공"이라고 불린다. 그 시작부터 본래 청정하며, 자발적인 본성을 갖춘 이 금강심은 윤회와 열반에서 일어나는 모든 현상의 근본이다. 심지어 당신이 한 명의 뭇 삶 중 하나일 때도, 욕망, 미움, 혼란 등의 좋고 나쁜 분별심이 일어남에도 불구하고, 금강심 그 자체는 이 모든 더러움으로부터 자유롭다. 마찬가지로 아무리 번뇌가 이 금강심의 현현으로 일어난다 하더라도 그리고 아무리 그 번뇌가 강력하다 하더라도, 가장 심오한 의식 그 자체, 즉 그러한 활활발발한 모습의 근원은 이러한 더러움의 영향을 전혀 받지 않는다. 금강심은 무시이래로 청정하며 두루 좋은 것이다.

대완성 수행의 방법 가운데 하나는 당신의 의식을 눈에 집중시키고, 그 눈을 허공을 향하도록 하는 것이다. 실제로 이 수행법은 도움이 되는데, 시각 의식은 매우 강력해서 심지어 명상을 하고 있는 동안에도 도움을 줄 수 있다.◆ 외부 세계의 허공을 바라보는 것이 아니라 죽음과 삶의 중간인 중음中陰을 응시하는 것이다. 신역파의 종파들에서도 내적인 허공인 중음과 외적인 허공인 하늘 사이에 그리고 내적인 깨달음과 외적인 깨달음 사이에 유사성이 있다고 말한다. 외부의 허공이 굉장히 멋진 것이라고는 하지 않는다. 외적인 허공은 내적인 허공을 상징한다고 한다.

무엇보다도 우선 몸을 곧추세우고 마음이 산란하지 않도록 단속한다. 마음을 눈에 집중시키고, 눈은 허공을 응시한다. 어떠한 분별 개념들도 마음을 더럽히도록 놔두지 않는다. 자신을 이

◆ 불교에서 여섯 가지 지각기관 및 의식인 시각, 청각, 후각, 미각, 촉각 그리고 의식(안이비설신의)은 대상의 거칠고 미세함의 차이이다. 시각기관이 가장 두드러지는 정보를 받아들이고, 그다음이 청각 순으로 미세해진다. 이 순서는 또한 죽음의 단계에서 지각기관과 의식이 사라지는 순서이기도 하다.

본질적 청정함, 광채 그리고 가장 심오한 의식의 실체에 생생하게 고정시킨다.

⋮ 가장 심오한
의식의 파악

위와 같은 관점으로 현상을 본다는 것은 당신 자신의 경험 속에서 가장 심오한 의식을 확인하는 것을 의미한다. 그러므로 일념으로 그 안에 남아 있어야 한다. 당신의 안에 온전히 존재하는 그 본성을 확인하는 것 말고는 당신 자신 외에 어떤 것도 새로이 설명할 것이 없다. 당신 자신이 그 확인의 대상이며, 경험 속에서 드러나는 것이며, 그러므로 당신 자신의 안에 온전하게 존재하는 가장 심오한 인식이라는 진리와 함께 머물러야 하는 것이기 때문에, 빠뚤 린뽀체는 **"법신의 가장 심오한 의식을 확인한다. 이 (법신의) 실체는 그대 안에 있으니, 이것이 첫 번째 핵심이다"**라고 말씀하신다. 이 본성은 새롭게 이루어진 것이 아니라 무시이래로 당신 안에 존재해 왔다. 당신은 당신 안에 본래부터 있던 것을 지금에야 확인하는 것이다.

이러한 관점에 들어가는 일은 절대 쉽지 않다. 오랫동안 수행을 한 라마와 신심 깊고 총명한 제자가 필수적이다. 대완성 수행은 작위적인 마음을 가지고는 깨달을 수 없다고 가르친다. 가장 심오한 의식을 확인하고, 이것을 바탕으로 모든 현상을 가장 심오한 의식의 현현으로 이해해야 한다. 끊임없이 일념으로 이 이해를 확인해야만 한다.

이 대완성 수행을 하는 데 있어, 진언을 외운다든가, 경전을 낭독한다든가 하는 등의 수행은 필요하지 않다. 왜냐하면 당신은 그보다 더 뛰어난 수행을 하고 있기 때문이다. 이러한 다른 여러 수행법들은 노력이 필요하다는 면에서 인위적이다. 이 반면에 당신이 가장 심오한 의식을 확인하고 그 안에 머무는 수행을 하고 있을 때, 이 수행은 자연스럽게 일어나는 자발적인 것이지 인위적인 것이 아니다. 정진을 요하는 수행들은 거친 마음을 가지고 하는 것이지만, 노력 없이 자연스럽게 일어나는 수행은 가장 심오한 의식으로 하는 것이다.

이 수행을 제대로 하기 위해서는 단순히 책을 읽는 것만으로는 부족하다. 그러기 위해서는 닝마빠의 예비 수행을 제대로 할 필요가 있다. 더불어 당신은 뛰어난 닝마빠 스승(라마)의 특별한 가르침도 받아야 하고, 그와 더불어 라마의 가피도 입어야 한다.

또한 제자는 반드시 복덕을 아주 많이 쌓아야 한다. 닝마빠의 위대한 스승 직메 링빠 당신 스스로도 가장 심오한 의식의 영역을 알아차린 뒤에 삼 년 삼 개월간 안거를 하면서 그 경험을 성성하게 유지하기 위해 지난한 노력을 하셨다. 도둡첸께서도 대단한 정진을 하셨다. 저서들을 통해 그는 이 인위적 노력 없이 자연스럽게 일어나는 대완성의 수행을 하는 사람들은 모든 예비 수행을 최선을 다해 정진해야 하며, 실제로 가장 심오한 의식을 경험한 라마로부터 가르침을 통한 안내를 받아야 하고, 일념으로 이 일생을 걸고 가장 심오한 의식을 명상해야 한다고 말씀하신다. 그는 이렇게 해야만 가장 심오한 의식의 영역을 확인할 수 있다고 말씀하신다.

10   두 번째 열쇠
명상의 지속

지금까지 가장 심오한 의식이 무엇인지 설명을 했고, 그 의식을 본다는 것이 어떤 것인지도 설명을 했으니, 이제는 명상을 지속하는 법을 알아야 한다. 이것이 두 번째 열쇠의 효과이다.

II.

이제, 밖으로 펼치든 안에 머물든,

화가 나든, 욕심이 나든, 행복하든, 슬프든,

매 순간 어떤 경우에도

이전에 인식한 청정한 지혜 법신을 알아볼 수 있다.

이미 (청정 지혜 법신을) 아는 이들에게는, 어머니 청명한 빛과 자식 청명한

빛들의 만남이 있다.

말로는 표현할 수 없는 그 가장 심오한 의식 안에 (자신의) 근본을 세운다.

자재함, 기쁨, 빛남 그리고 즐거움은 거듭 거듭 무너뜨려야 한다.

방편과 지혜의 음절을 갑자기 떨어뜨린다.

명상을 하는 동안과 명상을 하지 않는 동안이 다르지 않다.

끊임없이 그 무차별의 상태에 머물라.

명상과 명상 사이가 다르지 않다.

그러나 마음의 자재함을 달성할 때까지는,

세상의 즐거움을 떠난 명상이 매우 중요하다.

정해 놓은 시간에 따라 수행을 한다.

언제나 어떤 경우에나,

이 진리의 법신의 마음을 유지하라.

이것 이외에는 그 어떤 것도 중요하지 않다고 굳게 결정한다.

오직 이 진리의 법신만이 중요하다는 단호한 결심, 이것이 두 번째 정수
이다.

:   두렵지
      않음

당신 안에 있는 가장 심오한 인식을 확인함으로써 이제 당신은
가장 심오한 인식의 천연의 진면목을 알게 되었다. 한번 당신의
심연에 있는 이 가장 심오한 인식을 뚜렷하게 경험하고 나면, 어
떠한 분별 개념이 일어난다 하더라도, 생각이 밖으로 뻗쳐 나가
든, 자기 안으로 마음을 돌려 사라지게 하든, 이러한 분별 망상
을 애써 멈추려고 노력할 필요가 없게 된다. 그보다는 좋거나 나
쁜 분별 개념들이 떠오르면 좋은 일이 일어나든 나쁜 일이 일어
나든 간에 이미 알고 있는, 이 모든 것이 이 걸림 없는, 모든 것
을 관통하는 가장 심오한 의식의 영역으로부터 일어나고 있는
것이고, 이 모든 것이 사라질 때 이 역시 이 심오한 의식의 영역
속으로 사라진다는 것을 깨닫게 될 것이다.

　만일 당신이 가장 심오한 의식을 알아차리고 있는 상태에 머
무는 것을 유지하는 데 성공한다면, 어떠한 생각이 일어난다 하
더라도, 가장 심오한 의식의 밖에서 나온 생각은 절대 있을 수
없다는 것을 알 수 있다. 따라서 어떠한 생각도 당신에게 위해가
되지 않는다는 것을 깨칠 수 있다. 일어나는 분별 현상이 무엇인

지 분석할 필요도 없다. 당신은 일어나는 모든 생각은 가장 심오한 의식의 흐름에서 일어나는 것이며, 따라서 그 역시 가장 심오한 의식 안으로 사라지는 것이라는 것을 알고 있기 때문이다. 그래서 빠뚤 린뽀체는 **"이제, 밖으로 뻗치든 안에 머물든, 화가 나든, 욕심이 나든, 행복하든, 슬프든, 매 순간 어떤 경우에도 이전에 인식한 청정한 지혜 법신을 알아볼 수 있다"**라고 하신다.

⋮　　　구름과
　　　　하늘

그러므로 많은 잡다한 생각들이 떠오를 때에는 하나하나씩 잡아 없애려고 애쓸 필요 없다. 그렇게 하기보다는 이전에 확인한 지혜의 진리 법신을 알아차리고, 그 법신에 의식을 집중한다. 위대한 티베트의 수행자 밀라레빠는 이렇게 노래하셨다. "구름이여, 어느 곳에서 나타나더라도, 어느 곳으로 사라지더라도 하늘로 사라진다네."

　혹은 이러한 잡념은 물속에 녹아 들어가는 얼음과 같은 것이다. 또한 이렇게도 생각해 보자. 물이 흙탕물이 됐을 때, 그 흙탕물을 휘저으면 점점 더 더러워질 뿐 깨끗해질 리 만무하다. 그렇지만 그 물이 잠잠해지도록 그냥 놓아두면 흙탕이 가라앉고 물이 다시 깨끗해질 것이다. 마찬가지로, 분별 개념이 흘러가도록 그냥 놓아두면서 그 분별 개념의 본질에 집중한 채로 놓치지 않는다. 이 진실 법신에 그대로 머물러 있음으로써, 분별심들은 점점 작아지다가 결국에는 사라진다.

어머니와 자식의 만남

일상적인 마음의 상태에서, 우리가 명상을 하는 사람이든 아니든, 우리가 어떤 사람이든, 본래부터 일어나 있던 가장 심오한 의식은 무시이래로 우리와 함께 있어 왔다. 그리고 그렇기 때문에 이 본래부터 있던 청명한 빛의 마음은 '어머니 청명한 빛'이라고 부른다. 이 근본적인 청명한 빛은, 원래부터 있어 왔음에도 이 대완성의 수행을 하기 전까지는 있다는 사실을 파악하지 못했던 것이다. 그렇지만 스승의 인도하에 이 청명한 빛을 인지한다면, 이 새롭게 인식한 청명한 빛의 상태는 새로운 것이다. 이 새롭게 인식한 청명한 빛을 '자식 청명한 빛'이라고 부른다.

　이렇게 해서, 우리는 가장 심오한 의식의 두 가지 상태, 즉 본래부터 있어 온 어머니 청명한 빛과 금생에 새롭게 인식한 자식 청명한 빛에 대해서 이야기하는 것이다. 본래부터 일어난, 온전하게 당신과 함께 있어 온 가장 심오한 의식의 진면목을 '인식하는' 것을 어머니 청명한 빛과 자식 청명한 빛의 '만남'이라고 하며, 또한 어머니와 자식 청명한 빛의 '하나 됨'이라고도 부른다. 만나는 대상(어머니 청명한 빛)과 만나는 주체(자식 청명한 빛) 또는 하나 됨의 대상(어머니 청명한 빛)과 하나 됨의 주체(자식 청명한 빛), 이 둘은 서로 다른 두 개체가 아니다. 그렇지만 당신은 근본적으로 온전하게 당신과 함께 있어 온 것을 이제 파악했다. 이 근본적인 마음의 상태를 어머니 청명한 빛과 자식 청명한 빛의 조우라고 비유한다. 이 비유는 우리 안에 이미 존재하는 것이지만 이번에 반드시 알아내야 한다는 뜻이다.

:   죽음의
        청명한 빛

신역파의 종파들 역시 죽을 때 이루어지는 어머니 청명한 빛과
자식 청명한 빛의 만남을 말한다. 앞서 간단하게 설명했지만, 조
금 더 자세하게 이야기하도록 하자. 일반적인 죽음의 과정 속에
서, 죽음의 청명한 빛의 마음이 최후에 드러날 때에, 우리가 알
고 있는 세계의 형상은 스스로 물러난다. 죽음의 여덟 단계 가운
데 마지막 네 단계에서, 의식의 탈것 역할을 하는 바람이(혹은 에
너지가) 점점 더 미세해진다. 마지막 단계에 도달했을 때, 의식을
태우고 다니는 한시적인 바람이 모두 소멸했을 때, (수행자와 비
수행자를 막론하고) 마음은 마치 무감각한 듯하게 되며, 청정한 광
활함이 자신의 업에 힘입어 자연스럽게 드러난다.

  이 죽음의 마지막 단계에서 모든 거친 의식들이 모두 공함,
청명한 빛, 근본의 마음속으로 녹아들고 세상의 무수한 현상 및
같고 다름과 같은 개념들이 이 가장 미세한 마음속으로 사라진
다. 수행자는 누구나 죽음의 단계 끝에서 경험하는 세속적 형상
의 부재, 즉 평범한 공성의 체험 이상을 추구해야 한다. 청명한
빛의 마음이 일어날 때, 수행자는 '청명한 빛의 마음 그 자체 안

에서' 비상한 자성의 공함을 깨닫는 것을 목표로 삼아야 한다. 이 목표는 미리 수행을 해야 하는 것이지 당장 죽음의 청명한 빛의 단계가 눈앞에 닥쳤을 때 노력한다고 해서 그때 바로 성취할 수 있는 것이 아니다. 이 비상한 공성의 성취는 실질적인 명상의 힘에서 솟아나는 것이다. 즉, 일상생활 속에서 부단히 닦고, 이번 삶이 끝나기 전에, 의식이 해체되는 동안 그리고 마침내 흰색, 붉은색 그리고 검은색 형상들의 세 가지 마음이 떠오르고 해체되는 동안 지속적으로 선정을 유지할 수 있는 힘이 뒷받침해 주어야만 가능한 것이다. 만일 당신이 훌륭한 수행자라면, 죽음의 청명한 빛을 완벽하게 마지막 수행을 할 준비가 되어 있는 의식으로 전환할 수 있다. 그러한 마음이라야만 자신의 진면목을, 자신의 본질을, 근본 마음의 실체인 가장 심오한 의식을 마주할 수 있다.

만일 이전부터 해 온 명상 수행의 선정의 힘을 통해 당신 안에 온전히 그렇지만 평범한 상태의 청명한 빛의 마음을 수행의 길에서 비상한 마음으로 바꿀 수 있다면, 이 또한 어머니 청명한 빛과 자식 청명한 빛의 만남이라고 또는 어머니 청명한 빛과 자식 청명한 빛의 융합이라고 부를 수 있다. 원래부터 당신 안에 내재해 있는 보통 상태의 청명한 빛의 마음을 어머니 청명한 빛이라고 하며, 수행의 길이 되는 청명한 빛을 자식 청명한 빛이라 부른다. 만일, 죽음의 마지막 단계에서 어머니 청명한 빛이 떠오르면, 당신은 그 마음을 수행의 길로 삼을 수 있다. 이러한 의미에서 어머니 청명한 빛과 자식 청명한 빛의 만남 혹은 융합이라고 하는 것이다. 다시 한 번 강조하자면, 업의 힘으로 떠오르는 어머니 죽음의 청명한 빛과 수행의 길 자체가 되는 자식 죽음의 청명한 빛, 둘의 만남은 서로 다른 두 개체의 만남이 아니다. 이 전부터 해 온 수행의 힘에 의해, 어머니 청명한 빛은 통상적인 죽음의 마음이 되지 않고 자성의 공함이라는 진실을 깨닫는 것이다. 이를 통해 현상을 그들 스스로의 힘으로 독립적으로 존재하는 것처럼 잘못 보는 것에서 비롯된 번뇌의 토대를 무너뜨리는 것이다.

⋮   시 속의
'어머니 청명한 빛과 자식 청명한 빛'

빠뚤 린뽀체께서 게송에서 **"이미 (청정 지혜 법신을) 아는 이들에게는, 어머니 청명한 빛과 자식 청명한 빛들의 만남이 있다"**라고

124

말씀하셨는데, 이는 방금 설명한 것을 노래하신 것이다. 하나의 청명한 빛, 어머니 청명한 빛은 인지되지 않았을 뿐 본래부터 우리 안에 존재해 왔다. 스승이 우리에게 가르쳐 주시고 우리가 인지하고 수행 속에서 확인하는 청명한 빛의 마음은 자식 청명한 빛이다. 가장 심오한 의식의 청명한 빛은 늘 있어 왔지만, 직접 확인해 보지 않은 것이다. 따라서 어머니 청명한 빛과 자식 청명한 빛은 아직 서로 만나지 못한 것이다. 그러나 스승이 우리에게 원래부터 있어 왔던 그 빛을 가르쳐 주시고, 우리가 수행의 힘으로 그 빛을 확인했을 때, 이 청명한 빛의 알아차림이 어머니 청명한 빛과 자식 청명한 빛의 만남이 되는 것이다.

⋮   그 경험 속에
       머물라

가장 심오한 의식의 진면목에 대한 앎을 가지고, 당신은 그 의식에 마음을 모은 채로 계속해서 머물러 있을 수 있어야 한다. 그래서 빠뚤 린뽀체께서는 **"말로는 표현할 수 없는 그 가장 심오한 의식 안에 (자신의) 근본을 세운다"**라고 말씀하셨다.

다른 무상요가 딴뜨라의 체계에서는 이 상태를 청명한 빛의 근본 마음이라고 한다. 그러나 이 대완성의 수행 체계 속에서는 "근본"과 "근본의 형상" 가운데 첫 번째인 토대를 이루는 가장 심오한 의식을 일컫는다. 시각, 청각, 후각, 미각, 촉각 그리고 의식의 여섯 종류의 거친 의식이 활동하는 동안 확인되는 가장 심오한 의식은 맥동하는 가장 심오한 의식이다. 명상 속에서 맥동하는 가장 심오한 의식을 확인하고 그 안에 머무름을 통해 당신은 근본 심오한 의식까지 내려갈 수 있다.

:   명상 중의
      장애를 다루는 법

이러한 방식으로 명상을 하는 동안, 환희, 광휘 그리고 무분별심을 경험할 수 있다. 그러나 이러한 경험은 실제로는 낮은 수준이지 가장 심오한 의식으로부터 발현한 것은 아니다. 이러한 경험은 껍질이 씨앗을 덮고 있는 것처럼 가장 심오한 의식을 덮고 방해하는 것이다. 그러므로 빠뚤 린뽀체께서 **"자재함, 기쁨, 빛남 그리고 즐거움은 거듭거듭 무너뜨려야 한다"**라고 말씀하시는 것처럼 이러한 것들을 없애야만 한다. 이런 경험은 그다지 깊지 못한 환희이며 거친 광휘이고 가장 깊은 의식의 발가벗은 모습을 드러내기 위한 거친 수준의 무분별심이다. 따라서 이러한 낮은 수준의 경험을 이겨 내는 것이 필수적이다.

어떻게 하면 이러한 낮은 수준의 경험들을 무너뜨릴까? 이러한 경우, 낮은 수준의 경험들이 나타날 때, 수행의 진보를 방해하는 이런 장애들을 없애는 방법 가운데 하나는 가끔 음절 "팥 ᵖᵃᵗ"을 외치는 것이다. 강하고, 날카롭고, 짧게 이 음절을 사용함으로써 가장 심오한 의식을 덮고 있는 이러한 경험들을 제거한다. 음절 "팥"에서, "파"는 장애 요소들을 한곳으로 모으는 역할을 하고, "ㄷ"은 이들을 끊어 내고 제거하는 역할을 한다. 음절 "팥"을 번개처럼 꽂아 집착의 재갈을 바수어 이 명상의 경험으로 만든다. 빠뚤 린뽀체는 이렇게 말씀하신다. **"방편과 지혜의 음절을 갑자기 떨어뜨린다."**

⋮ 명상할 때와 하지 않을 때가 다르지 않다

당신이 말로는 표현할 수 없는 가장 심오한 의식의 경험 안에 있을 때, 당신은 걸림 없는 꿰뚫음의 상태에 있다. 즉 명상 속에 대상들이 떠오를 때, 이 대상들을 멈출 필요가 없다는 면에서 어떤 장애나 걸림도 없다는 뜻이다. 이때의 마음은 명상 중에 일어나는 대상의 형상에 얽매이지 않게 된다. 그 대신에 마음은 가장 심오한 의식을 오롯이 생생하게 인식하는 데 머문다. 이러한 마음가짐이 지속될 때, '삼매'라고 하는 이 명상의 상태와 명상 후에 떠오르는 대상의 상태인 "명상을 하지 않는 동안"이 아주 다르지 않게 된다. 그래서 빠뚤 린뽀체께서는 **"명상을 하는 동안과 명상을 하지 않는 동안이 다르지 않다"**라고 말씀하신다.

가장 심오한 의식의 면모를 지속시키는 동안에는 삼매를 닦는 시간 동안, 삼매로부터 일어날 때 그리고 명상을 하지 않는 동안의 마음의 상태에 구분이라는 것이 존재하지 않는다. 명상 속에 있든, 당신이 마음을 한 대상에 오롯이 모으든 아니면 명상을 하지 않든, 마음이 산란하든, 당신의 마음이 어떤 상태에 있든 간에 어떤 생각이 떠오르더라도 이 모든 것은 가장 심오한 의식의 울림에 지나지 않는다. 개개의 모든 분별 개념들은 단순히 가장 심오한 의식의 팽창으로부터 발현한 것이다. 모든 것이 가장 심오한 의식의 유희일 뿐이다. 그리고 이러한 분별 개념들이 가장 심오한 의식의 거품이기 때문에, 만일 당신이 가장 심오한 의식 속에서 이들을 볼 수 있다면, 이들은 필연코 가장 심오한 의식 속에서 태어난 것이며 따라서 그들이 사라질 곳 역시 가장 심오한 의식 속이다. 이것을 "분별 개념을 인식함"이라고 부르는 것이다.

⠇   분별 개념에서 벗어나는 세 가지 종류

분별 개념에서 벗어나는 유형은 세 가지이다. 첫 번째는 당신이 예전부터 잘 알고 있는 사람이 스쳐 지나가듯 하는 것이다. 두 번째는 똬리를 틀고 있는 뱀이 스스로 푸는 것같이 분별 개념이 스스로 풀리는 자기 해방이다. 세 번째는 텅 빈 집에 도둑이 들어가는 것과 같은 것인데, 집도 잃을 것이 없고 도둑도 훔쳐갈 것이 없는 그런 상태로 오직 자기 해방일 뿐이다.

세 번째가 가장 효과적인 것이다. 만일 당신이 첫 번째 유형처럼 "한 분별 개념이 일어났다"는 것을 자각한다면, 당신이 그 개념을 알아차렸다 하더라도 자각한 대상과 자각하는 주체가 갈라져 있는 것이다. 그렇지 않고, 가장 심오한 의식에 머무르며 동요되지 않는 동안에 분별 개념들이 일어난다면, 그 개념들이 일어나게 놓아두라. 만일 그 개념들이 사라지면, 사라지게 놓아두라. 그들에 어떠한 방점도 찍지 말고 무관심하게 대하라. 만일 그 개념들의 실재를 자세히 들여다보면, 그 개념들은 실상 가장 심오한 의식의 발휘에 불과하다는 것을 알게 될 것이다.

이 관점을 이해하고 본다면, 분별 개념들은 가장 심오한 의식의 떨림에 지나지 않는다. 이들은 이 의식의 활동에 불과한 것이다. 가장 심오한 의식의 영역에서 볼 때, 분별이 일어나건 사라지건 상관할 바가 아니다. 가장 심오한 의식은 이 개념들이 돕거나 해칠 수 있는 것이 아니기 때문이다. 이 관점에서는 정해진 명상 시간이나 명상을 하는 시간과 시간 사이에 하는 자신의 행동 사이를 구별할 수 없다.

삼매에 들어 있는 동안 깨달음의 마음을 지속적으로 유지하기 때문에 명상을 하는 동안과 명상과 명상 사이에 명상을 하지 않는 동안의 경험에도 차이가 없다. 모든 의식의 상태에 두루두루 이 심오한 의식에 대한 이해를 가지고 있으며, 가장 심오한 의식 속에 스스로 건립한 자리에 끊임없이 머무르고 있다. 따라서 빠뚤 린뽀체께서는 **"끊임없이 그 무차별의 상태에 머물라. 명상과 명상 사이가 다르지 않다"**라고 말씀하신다.

11 점진적 성취

가장 심오한 의식 속에 계속해서 몰입할 수 있는 것은 오로지 최상근기인 사람들만 할 수 있는 것이다. 최상근기를 가진 사람들의 경우, 그들의 업력이 그러해서 가장 심오한 의식에 대한 법문을 듣는 동시에 가장 심오한 의식을 덮고 있는 장애가 사라져 버린다. 이러한 상근기의 수행자들은 가장 심오한 의식을 바로 확인하고 그 속에 머물 수 있기 때문이다. 그러나 초심자들이 상근기의 수행자들처럼 가장 심오한 의식을 확인하기에는 아직은 부족하다. 따라서 초심자들은 반드시 이 가장 심오한 의식의 경험을 수행을 통해 차근차근 점진적으로 강화해야 한다. 초심자들은 반드시 반복적인 수행을 통해 가장 심오한 의식과 점점 친숙해지도록 해야 한다.

이렇게 점진적으로 가장 심오한 의식의 경험에 익숙해지는 수행을 하기 위해서는 마음을 잘 가다듬어야 한다. 정해 놓은 명상 시간에 빠지지 않고 수행해서 가장 심오한 의식을 확인하고 정해 놓은 시간 동안 그 경험을 지속시켜서 마음에 흔들림이 없어지기 전까지는 마음을 산란하게 만들 수 있는 과도한 행동은 절제해야 한다. 그래서 빠뚤 린뽀체께서는 **"그러나 마음의 자재함을 달성할 때까지는, 세상의 즐거움을 떠난 명상이 매우 중요하다. 정해 놓은 시간에 따라 수행을 한다"**라고 말씀하신다.

∶ 위험

특히, 정해 놓은 명상 시간 이외에 다른 활동을 할 때—기도문을 암송하거나 하는 등이 아니라 사람들을 만나거나 하는 등의 활동을 할 때— 수행자들은 탐욕, 성냄 그리고 어리석음과 같은 번뇌를 아주 오랜 기간 마주해 왔기 때문에 수행 중에 이 번뇌들에 휘둘릴 위험성이 있다. 그러므로 언제 어디서나, 어떠한 상황에서도 이 가장 심오한 의식을 인식하는 경험을 수도 없이 반복하고 유념하여 굳게 지키는 것이 매우 중요하다. 그리고 가장 심오한 의식을 알아차리는 이 경험 속에서 행동하는 것 역시 매우 중요하다.

우리의 삶 속에서 일어나는 가지가지 분별 망상은 좋거나 나쁜 즐거움과 고통을 일으키지만, 이 모든 것들은 사실상 본래부터 있어 온, 본질적으로 깨어 있는 청정 지혜의 손바닥 안에 있다. 정처 없이 방황하는 분별 망상은 본래부터 있어 온 청명한 빛으로부터 일어난 것이며, 당신이 마침내 가장 수승한 깨달음을 얻었을 때, 이 분별 망상들은 똑같은 자리인 본래적인 청명한 빛의 마음속으로 사라진다. 이 분별 망상에 시달리는 삶과 깨달음 사이에 다양한 사건들이 꿈처럼 떠오를 때, 그 지혜를 가지고 반드시 이들이 본래적인 청명한 빛의 마음, 즉 진리의 법신의 발현이라는 것을 보아야 한다. 빠뚤 린뽀체는 이것을 이렇게 노래하신다. **"언제나 어떤 경우에나, 이 진리의 법신의 마음을 유지하라."**

:   다짐

당신이 가장 심오한 의식을 확인하고 그곳에 머무는 수행에 확신이 서면, 당신의 마음은 이 심오한 의식에 확고히 머물러야 한다. 이 수행이 더 낫지 않을까, 저 수행은 어떨까 하며 여러 가지를 만지작거리며 마음을 산란하게 하지 않는 것이 좋다. 샨띠데바께서 《보살의 수행에 입문하는 법》에서 말씀하시듯 그렇게 하다가는 수행이 깊어질 기회를 놓칠 것이다.

따라서 이 수행을 시작할 때 잘 살펴 심사숙고하고, 이 수행을 하겠다는 결심을 하면, 그 결심한 바를 굳건히 유지하라. 다른 수행이 더 있으리라는 생각을 하느라 마음이 산란해져서는 안 된다. 그래서 빠뚤 린뽀체께서는 이렇게 말씀하신다. **"이것 이외에는 그 어떤 것도 중요하지 않다고 굳게 결정한다."**

굳은 다짐이란 발가벗은 청정 지혜, 즉 본래부터 상주하는 진리의 법신을 한 치의 과오도 없는 부처님으로 보는 것에 대한 것이다. 같은 맥락에서, 미륵보살은 《구경일승보성론究竟一乘寶性論》에서 이렇게 말씀하신다.

염오는 우연히 일어나지만
(염오의) 본질은 본래부터 거기에 있는 것이다.

마음의 때인 염오는 그에 맞는 대치법을 적용하면 없앨 수 있다. 이들은 제거할 수 있고, 마음에서 떼어 낼 수도 있다. 이러한 이유로 염오는 우연한 것이라고 말한다. 그러나 붓다의 본질들은 본래부터 거기에 있는 것이다. 염오는 무시이래로 우리 안에 본래부터 있는 가장 심오한 의식 또는 청명한 빛의 근본 마음으로부터 흘러나온 것이다. 그리고 이 가장 심오한 의식은 붓다의 자질들을 발현시키기에 충분하다. 우리는 늘 붓다의 본질들인 그 근본 원인을 온전하게 가지고 있어야 한다.

요약하자면, 당신은 근본적이고 본유적인 명상을 통해 앞서 당신 스스로 경험했던 가장 심오한 의식 안에 사는 수행을 지속해야 한다. 그리고 가장 심오한 의식에 머무는 수행은 정해 놓은 명상 시간이나 명상을 하지 않는 동안에도 차이가 없어야 한다. 그래서 빠뚤 린뽀체는 이렇게 결론을 맺는다. **"단호한 결심, 이것이 두 번째 정수이다."**

12   세 번째
       열쇠

⋮   자기 해방

이제 마지막 세 번째 열쇠를 설명하겠다.

Ⅲ.

이번에는 모든 욕망과 증오, 쾌락과 고통

그리고 모든 우연히 일어난 분별 개념들의 진면목에 대한 앎 속에 이들

은 더 이상 존재할 수 없다.

자유의 길인 진리의 법신을 확인함으로써,

이들은 마치 물 위에 쓴 글처럼 된다.

걸림 없는 스스로 현현함과 스스로 자유로워짐 속에서는

그 어떤 것이 떠오른다 하더라도 발가벗은 공성의 의식의 영양분이다.

그 어떤 것이 동요한다 하더라도

스스로 흔적 없이 청정하게 하는 진리의 법신의 활동이다. 아하하!

이들이 떠오르는 방식은 이전과 같지만,

자유로워지는 방식은 현격히 다르다.

이것이 없는 명상은 잘못된 길이다.

이것을 가지고 있는 이들은 명상 없이도 진리의 법신 안에 있다.

확신은 자유에 기반을 둔다. 이것이 세 번째 정수이다.

걸림 없음의
        공간

갈망과 증오, 즐거움과 고통과 같은 어떠한 우연한 또는 한시적
인 분별 개념이 일어난다 하더라도 이 모든 것들은 단지 가장
심오한 의식의 진동에 불과하다. 이러한 분별 의식의 힘은 예전
처럼 세지도 않을 것이고, 예전처럼 연쇄적으로 점점 꼬리에 꼬
리를 물며 심해지지도 않을 것이다.

   만일 당신이 가장 심오한 의식을 알아차리는 수행을 계속 잘

할 수 있다면, 이 수행의 성공은 당신이 과도한 욕심과 증오를 일으키고 있을 때도 도움이 될 것이며, 또한 지나친 쾌락에 지배되거나 지나친 괴로움에 무릎 꿇지 않도록 뒷받침해 줄 것이다. 왜냐하면 이 감정들의 한가운데서 해방의 근본 자체인 가장 심오한 의식을 알아보는 것이 매우 중요하기 때문이다. 당신이 해방의 진정한 뿌리이며 해방의 길인 이미 알고 있는 그 바탕의 경험 안에 머물면서 요동하는 것들에 휘둘리지 않을 때, 일어나는 분별 개념들 역시 바로 이 바탕에서 나타나는 것이기에 그러한 분별 감정들은 물 위에 낙서하는 것과 다를 바 없다. 즉, 이 감정들은 가장 심오한 의식의 영역 속으로 해방되어 순식간에 사라진다. 그 감정들로 인해 일어나는 후사도 당연히 없다. 이 감정들은 일어나자마자 일어난 그 자리로 녹아 없어진다. 이 분별 개념들은 어디로 해방된 것일까? 가장 심오한 의식이다. 분별 개념들이 녹아 사라지는 그 근본 자리인 대완성, 진리의 법신인 그 근본 마음을 이미 알고 있다면, 분별 개념들이 일어날 때, 물 위에 한 낙서처럼 그들이 자기 스스로를 해방시킨다.

첫 번째 열쇠를 통해서 당신은 가장 심오한 의식의 정체를 파악했고, 두 번째 열쇠를 통해서 명상 속에서 그 의식의 현존을 유지하는 법을 배웠다. 이 세 번째 열쇠에서 강조하는 것은 분별 개념이 가장 심오한 의식 속으로 사라지는 것이다. 빠뚤 린뽀체께서는 **"이번에는 모든 욕망과 증오, 쾌락과 고통 그리고 모든 우연히 일어난 분별 개념들의 진면목에 대한 앎 속에 이들은 더 이상 존재할 수 없다. 자유의 길인 진리의 법신을 확인함으로써, 이들은 마치 물 위에 쓴 글처럼 된다"**라고 말씀하신다.

어떠한 종류의 분별 개념이 일어난다 하더라도, 그 분별 하나하나의 자성은 공하다는 것에 주의를 집중함으로써 그들이 근본 의식 그 이상의 어떤 것도 아니라는 점을 인식한다. 당신이 이렇게 할 수 있다면, 분별 개념의 망동 자체가 이들 자신의 실재, 즉 가장 심오한 의식을 확인하고 머무르는 수행을 도와줄 것이다.

이러한 수행을 계속해서 잘할 수 있을 때, 어떤 분별 의식이 마음에 떠오른다 하더라도 벌거벗은 공성의 의식을 위한 영양제 혹은 먹이가 될 것이다. 일어나고 즉각 해체되는 분별 개념들은 천연의, 벌거벗은 공성의 의식의 수행을 유지하고 확장시키는 데 도움이 된다. 그래서 빠뚤 린뽀체는 **"걸림 없는 스스로 현현함과 스스로 자유로워짐 속에서는 그 어떤 것이 떠오른다 하더라도 발가벗은 공성의 의식의 영양분이다."**

만일 이처럼 당신이 밖으로부터 오는 분별 개념의 간섭에도 요동치지 않고 가장 심오한 의식의 천연의 모습을 인식하고 유지시킬 수 있다면, 분별 개념이 어떠한 모습으로 나타난다 하더라도 근본적인 마음에 덧붙어 있는 어떤 것처럼 진리의 법신의 고귀한 활동으로, 진동에 지나지 않는 것으로, 일시적인 거품으로 나타날 수 있다.

따라서 그러한 분별 개념이 일어난다 하더라도 그 생각에 꼬리를 물고 다음 생각이 일어나지 않게 하면, 분별 개념은 어떠한 자국도 마음에 남기지 않는다. 새가 하늘을 날 때 어떠한 자국도 남기지 않듯이, 어떠한 분별 개념이 일어난다 하더라도 자취를 남기지 않고 스스로 정화되어 어떠한 분별 개념도 따라 일어나지 않는다. 그래서 빠뚤 린뽀체께서는 **"그 어떤 것이 동요한다 하더라도 스스로 흔적 없이 청정하게 하는 진리의 법신의 활동이다. 아하하!"** 라고 말씀하신다. 아하하는 즐거움의 표현이다.

:　　결정적인
　　　차이

당신이 이처럼 심오한 경험을 했을 때 분별 개념이 전처럼 일어나지만 그들을 없애는 방식은 천양지차다. 분별 개념은 가장 심오한 의식을 인식하기 전처럼 일어나겠지만, 확연히 다른 방식으로 분별 개념의 손아귀로부터 벗어날 수 있다. 첫 번째 단계를 거치면서 실재, 즉 청명한 빛의 마음을 알게 되었고, 이를 통해 당신은 분별 개념을 이미 알고 있던 사람을 만나는 것처럼 인식할 수 있게 되었다.

스스로의 해방이라는 두 번째 단계의 수행을 통해, 생각은 예전처럼 떠오르지만, 그 생각이 꼬리에 꼬리를 물고 일어나지 못하게 되어서 결국에는 사라진다. 분별 개념은 스스로 더 나아가거나 사라질 수 없다. 마치 뱀이 스스로 자기 몸으로 매듭을 지을 수 없는 것처럼. 이 분별 개념은 근본적인 청명한 빛의 마음 이외의 것으로 사라지게 할 도리가 없다.

자기 스스로를 해방시키는 최고의 단계인 마지막 세 번째 단계에 이르러서는 가장 심오한 의식이 그 모습을 여전히 드러내고 있기 때문에 분별 개념이 일어난다 하더라도 아무 훼방도 놓을 수 없다. 근본적인 마음의 앎에 머무르는 한 어떠한 분별 개념도 당신을 휘감을 수 없다. 마치 텅 빈 집에 들어간 도둑처럼. 도둑이 그 집에 침입했다고 치자. 집에 아무것도 없기 때문에 텅 빈 집은 잃을 것이 없고 도둑도 얻을 것이 없다. 분별 개념은 저절로 해체된다.

    자기를 스스로 해방시키는 수많은 방법 가운데, 세 번째 단계가 가장 심오한 것이다. 빠뚤 린뽀체께서는 **"이들이 떠오르는 방식은 이전과 같지만, 자유로워지는 방식은 현격히 다르다"**라고 말씀하신다.

⋮   확신

작위적이지 않은 천연의 가장 심오한 의식에 대한 명상을 수행하지 않는다면 조작된 분별 개념을 통한 명상은 단지 거칠고, 한시적이며, 비본질적인 마음에 의해 만들어진 수행에 지나지 않는다. 이러한 비본질적인 마음은 근본적인 가장 심오한 의식에 비하면 여전히 거친데, 분별 개념에 오염되어 있기 때문이며, 따라서 여전히 잘못된 의식이기 때문이다. 따라서 만일 당신이 무작위적인 가장 심오한 의식의 명상 수행에 경험적인 기반을 확고하게 다지지 않는다면, 잘못된 의식에 휘둘리게 될 것이다.

    그러나 만일 우리가 지금까지 배운 것과 같은 이러한 핵심을 꿰뚫는 가르침을 따라 명상을 한다면, 정신적으로 조작된 노력을 통한 명상을 할 필요가 없다. 그 대신 진리의 법신인 가장 심오한 의식에 대한 확고부동한 확신에 다다를 것이다. 빠뚤 린뽀체께서는 **"이것이 없는 명상은 잘못된 길이다. 이것을 가지고 있는 이들은 명상 없이도 진리의 법신 안에 있다"**라고 하신다.

자기 스스로의 해방을 경험한 데서 일어나는 확신에 근거를 두고 당신은 이 마지막 핵심을 믿는다. 빠뚤 린뽀체께서는 **"확신은 자유에 기반을 둔다. 이것이 세 번째 정수이다"**라고 하신다.

13   세 가지 열쇠의
특별함

게송은 다음과 같이 끝맺는다.

세 개의 정수로 장엄한 이 인식의 방식은

최상의 지혜와 자비로 얽힌 명상 수행과

승리자의 자손의 일상의 수행이 뒷받침해 주며, 또한 (그 수행을) 도와준다.

심지어 (과거, 현재, 미래의) 삼시에 승리자께서 머무르시면서,

조언을 하신다 하더라도,

이보다 뛰어난 길잡이는 없을 것이다.

가장 심오한 의식의 심연에서 진리의 법신이라는 보물을

찾아내는 자는 광대한 지혜의 바다에 숨겨져 있던

이 귀중한 것을 끌어올린다.

땅과 돌덩이에서 찾아낸 것은 이와 다르다.

이것이 가랍 도르지의 마지막 가르침이며,

세 전승의 정수이다.

(이 가르침은) 오직 수제자들을 위한 것이며,

심오한 뜻을 내포하고 있다.

마음에서 마음으로의 대화.

이 핵심적인 뜻을, 그 뜻의 정수를 놓치지 말라!

가르침을 소홀히 하지 말라!

: 　　　이타심

사랑과 자비의 힘으로 실천하는 이타행이 명상의 진전을 돕는다. **"세 개의 정수로 장엄한 이 인식의 방식은 최상의 지혜와 자비로 얽힌 명상 수행과 승리자의 자손의 일상의 수행이 뒷받침해 주며, 또한 (그 수행을) 도와준다"**라고 게송은 말한다.

　빠뚤 린뽀체께서는 사랑과 연민이 원동력인 보살들의 일상적인 수행의 길이 이 세 가지 열쇠의 수행을 강화한다고 말씀하시고 있다.

대완성 수행의
위대함

근본적이며 본래적인 청명한 빛의 마음을 수행의 길에서 사용할 수 있게 되기 전에는 불성을 성취할 방도가 없다. 따라서 붓다의 일체지라는 결과를 이룰 수 있는 가장 결정적인 원인은 오직 근본적이며 본래적인 청명한 빛의 마음, 가장 심오한 의식뿐이다. 대완성의 사상을 가르치는 문헌들은 우리의 여섯 가지 의식이 작동하고 있는 동안에도 가장 심오한 의식의 맥동 속에서 그 근본적이고 심오한 의식을 빨리 경험할 수 있는 방법을 가르치기 때문에, 이것이 대완성 사상만의 독특한 면모이다. 이러한 면에서 빠뚤 린뽀체께서는 **"심지어 (과거, 현재, 미래의) 삼시에 승리자께서 머무르시면서, 조언을 하신다 하더라도, 이보다 뛰어난 길잡이는 없을 것이다"**라고 말씀하신다. 그렇기 때문에 린뽀체께서는 이 수행법의 위대함을 설명하신 것이다.

빠뚤 린뽀체 자신이 가장 심오한 의식의 진동 속에서 이 문헌을 발견한 분이시다. 땅속에서 숨겨진 보배를 찾아내는 것과 달리, 린뽀체께서는 지혜의 바다에서 이 귀중한 보배인 본래부터 있어 온 가장 심오한 의식의 다이아몬드를 끌어 모으셨다. 구역파의 문헌에는 다음과 같은 세 가지 전승이 있다.

- 성스러운 가르침의 먼 전승 : 인도에서 건너온 가르침을 번역한 문헌들.
- 숨겨진 보배의 가까운 전승 : 위대한 스승 빠드마삼바바께서 후세의 특정한 티베트 수행자들에게 필요할 깃이라고 생각하신 문헌들을 숨겨 놓으셨다. 그 문헌들은 그 문헌들과 특별한 인연이 있는 사람들이 백 년, 천 년 후에도 찾아낼 수 있도록 해 놓으셨다. 인연이 무르익으면, 빠드마삼바바 당신의 가피와 그 문헌을 찾아낼 사람의 공덕, 업 그리고 기도하는 이의 소망에 힘입어 보장 문헌이 드러난다. 빠드마삼바바께서 그 문헌들을 숨겨 놓으신 지 오랜 세월이 지났지만, 여전히 빠드마삼바바의 가피를 직접 입고 있기 때문에 이 전통은 가까운 전승이라고 불린다.
- 순수한 예지적 경험의 심오한 전승 : 이 예지적 경험 전승에는 세 가지 문헌이 있다. (1) 수행의 경험 속에서 떠오른 문헌들. (2) 의식에 떠오른 문헌들. (3) 감각 의식에 떠오른 문헌들.

가장 심오한 의식의 지혜를 통해 빠뚤 린뽀체께서는 가장 심오한 의식의 지혜의 모두 좋은 영역으로부터 숨겨져 있는 이 문헌을 찾아내셨다. 그렇기 때문에 린뽀체께서는 **"가장 심오한 의식의 심연에서 진리의 법신이라는 보물을 찾아내는 자는 광대한 지혜의 바다에 숨겨져 있던 이 귀중한 것을 끌어올린다. 땅과 돌덩이에서 찾아낸 것은 이와 다르다"**라고 말씀하신다.

보배 같은 이러한 경험은 광활한 특별한 깨달음에서 당신의 생각 속으로 불쑥 떠오른다. 이 경이로운 전승은 오늘날에도 일어나고 있다. 분별적 사고방식을 가지고서는 이 주제로 글을 쓰겠다고 하더라도 거의 불가능한 일이다. 그러나 당신이 벌거벗은, 모두 좋은, 가장 심오한 의식에 다다라서 수많은 생에 걸쳐 그 의식과 친숙해진다면 그러한 명상을 통해 가장 심오한 의식을 인식하는 것이 가능해져서 백 번, 천 번, 만 번의 생을 다시 태어난다 하더라도 그 삶이 마치 어제 막 일어난 것 같을 것이고, 당신은 예전에 배우고 광활한 가장 심오한 의식 속에 간직해 온 가르침을 기억해 낼 수 있을 것이다. 아직 살아 계신 닝마빠의 라마 한 분은 활활발발한 가장 심오한 의식에 들어가 아주 오래된 기억들을 불러낼 수 있는 놀라운 능력을 지니고 계신다. 그분은 8세기 빠드마삼바바가 티베트에 오셨을 때의 일을 기억

할 뿐만 아니라, 여러 생의 삶까지도 기억한다. 참으로 경이로운 일이다!

빠뚤 린뽀체께서는 당신의 게송이 닝마빠 전승의 중심인 인도의 스승인 가랍 도르지의 마지막 가르침이라고 말씀하신다. **"이것이 가랍 도르지(대완성의 가르침을 처음 전했다는 스승)의 마지막 가르침이며, 세 전승의 정수이다."** 이 가르침은 게송의 시작 부분에서 언급된 승리자 롱첸 랍잠, 전지자 켄쩨 외셸 직메 링빠 그리고 승리자 직메 걀웨 뉴구의 세 전승을 담고 있다. 지금 소개할 게송의 시작 부분에서 린뽀체께서는 닝마빠 전통의 위대한 세 분의 라마들에게 귀의를 하는데, 그분들의 이름을 빌려 인식의 방식, 명상 그리고 행을 언급하신다. 이 게송이 담고 있는 가르침을 짧으면서도 핵심적으로 요약하고 있기 때문에, 여기에 소개한다.

> 라마들께 귀의합니다.
> 인식의 방법은 무수히 광활한 공간이네(롱첸 랍잠).
> 명상은 지혜와 자비의 빛들이네(켄쩨 외셸).
> 행[†]은 승리자의 싹이네(걀웨 뉴구).
> 이처럼 수행하는 이들이

이번 생에 불성을 성취하는 것은 의심할 바 없다.

설사 그렇지 못한다 하더라도 경이로운 안락함, 아하하!

⋮ 인식의 방식, 명상 그리고 행이라는 세 다리

방금 말했듯이, 이 게송의 시작 부분에서 빠뚤 린뽀체께서는 세 분의 라마를 언급한다. 일반적으로 밀교 혹은 딴뜨라의 전통에서는 라마(혹은 구루)가 특히 중요하며, 특히나 저절로 일어나는 가장 심오한 의식에 대한 가르침을 실천하는 대완성의 사상을 수행하고자 하는 이들에게는 더욱이 그러하기 때문이다. 이러한 수행자들은 그들의 라마에 대한 절대적인 믿음이 있어야 한다. 우리의 경우, 저자 빠뚤 직메 최끼 왕뽀는 **"라마들께 귀의합니다"**로 게송을 시작하는데, 라마들은 방대한 괴로움과 유한성의 문제를 벗어날 수 있는 모든 원천이기 때문이다.

스승들이 너무나 중요하기 때문에, 린뽀체께서는 인식의 방식, 명상 그리고 행이라는 세 가지를 그의 두 분의 간접적인 스승인 롱첸 랍잠("무수히 광활함")과 켄쩨 외셀("지혜와 자비의 빛")

그리고 그를 직접 가르친 스승 걀웨 뉴구("승리자의 싹," 긴 이름은 직메 걀웨 뉴구로, 롱첸 랍잠의 직제자)를 사용해 노래했다. 이처럼 빠뚤 린뽀체께서는 인식의 방법, 명상 그리고 행을 그의 직간접적인 라마들의 이름의 의미를 사용해서 설명하고 있다. 이들을 하나씩 설명하겠다.

인식의 방식,
무수히 광활한 공간

실재에 대한 인식의 방식은 이분법적인 개념의 증식을 넘어선 불성이다. 티베트불교의 구역파와 신역파 모두 최상의 인식의 방식을 청명한 빛의 청정한 지혜, 여래장이라고 말한다. 청명한 빛의 청정한 지혜 그 자체는 독립적이고 자성을 가진 존재는 아니지만 개념적 유희를 여읜 본래부터 청정한 것이다. 이 본래 청정한 여래장은 윤회와 열반으로 현현하는 모든 현상의 기본이며, 따라서 인식의 방법 그 자체가 모든 현상이 일어나고 사라지는, 모든 현상이 무수히 증식하는 광활한 공간이다. 그래서 빠뚤 린뽀체께서는 **"인식의 방법은 무수히 광활한 공간이네(롱첸**

랍잠)"라고 말씀하신다. 이렇게 그는 인식의 방법을 "무수히 광활한 공간"이라고 말씀하시는데, 이를 통해 그의 간접적인 근본 라마인 롱첸 랍잠의 이름이 지닌 뜻을 설명하신다.

명상의 대상이 되는 인식의 방법 자체가 광활한 공간 혹은 실재의 본래부터 청정한 불성이다. 윤회와 열반의 모든 형상들이 평등한 실재 안에서 완벽하다는 앎이 그 인식의 방법 자체이며, 따라서 이 인식의 방법은 무수하고, 무한하며 매우 광활하다.

대완성의 관점은 일상의 마음을 넘어선다고 하지만, 이것이 어떻게 말로 표현되는가에 따라 살펴보자면, 여기서 '관점'은 주로 인식의 대상이 아니라 인식하는 의식 자체를 일컫는다. 따라서 이 인식의 방법은 '보는 주체'를 말하는 것이지 '관찰의 대상으로서의 인식의 방법'이 아니다.

그러나 명심해야 할 점은 이러한 주체와 객체라는 용어 자체가 대완성의 사상 안에서는 무의미할 수도 있다는 점이다. 여기서 인식의 방법은 보통의 마음을 넘어서는 것이기 때문에 그리고 '주체와 객체'라는 이분법적인 용어가 보통의 마음의 영역에 묶여 있는 것이기 때문이다.

모든 현상은 모든 형상의 원천이며, 윤회와 열반의 모든 현상의 근본인 가장 심오한 의식의 영역 안에 담겨 있다. 가장 심오한 의식은 근본과 형상 가운데 근본이며, 가장 심오한 의식의 진동이 형상이다. '모두 좋은 가장 심오한 의식'이라고 하는 것 자체가 인식의 방법이며 무수히 광활한 공간이다.

： 명상, 지혜와 자비의 빛들

이 인식의 관점을 일으킨 뒤에, 수행자는 자연스럽게 진리에 대한 무지 때문에 이를 이해하지 못하는 중생들에 대한 자비심을 일으킨다. 그래서 빠뚤 린뽀체께서는 **"명상은 지혜와 자비의 빛들이네(켄쩨 외셀)"**라고 말씀하신다. "지혜와 자비의 빛"은 켄쩨 외셀이라는 이름의 뜻이다. 가장 심오한 의식과 가장 심오한 의식의 진동 사이의 다른 점들 가운데, 가장 심오한 의식의 진동은 여덟 종류의 자연스럽게 일어나는 형상을 포함한다. 이들 가운데 하나는 두루 존재하는 자비심—지혜와 자비의 빛—이며, 이 저절로 일어나는 자비심에 대한 명상에서 자연스러운 수행의 약진, 혹은 자연스러운 진보가 일어난다. 이와는 달리, 무수히 광활한 공간은 근원적인 청정함을 관통하는 수행이다.

가장 심오한 의식의 천연의 모습인 벌거벗은 상태가 무엇인지 가르침을 받은 뒤, 만일 천연의 가장 심오한 의식인 근본적인 주의 집중을 통해 가장 심오한 의식의 광대한 장에 머물 수 있다면, 이러한 자발적인 요소들이 명상 속에서 그 모습을 스스로 드러낸다. 여기서 "벌거벗은 상태"란 분별 개념에 의한 거슬리는 오염이 사라진 상태를 뜻한다. 즉, 분별 개념이라는 옷을 벗어 던진, 완전한 나체, 가장 원초적인 의식이다.

　가장 심오한 의식의 경험이 일어날 때, 근본적인 주의 집중이 수반되며, 명상 수행을 충만하게 한다. 이 지점에 이르면 수행자는 갈망해 온 것, 즉 자유 혹은 윤회로부터의 해방이 가장 심오한 의식의 광대한 영역 밖의 일이 아니라는 것을 또한 그렇게 버리고자 했던 것, 즉 윤회가 가장 심오한 의식의 진동 이상이 아니라는 것을 명확하게 결론지을 수 있다. 따라서 좋은 것과 나쁜 것, 열반과 윤회, 희망과 공포 등 모든 현상은 가장 심오한 의식의 활동, 진동 그리고 발산이라는 것을 제대로 볼 수 있다.

행,
승리자의 싹

수행자가 가장 심오한 의식의 걸림 없는 심연의 경험에 마음의 동요 없이 머무를 수 있다면 어떠한 행을 한다 하더라도 오직 하나의 특징만을 가질 것이다. 마치 한 가지 맛만 맛보듯이. 이러한 의미에서, 빠뚤 린뽀체께서는 **"행ff은 승리자의 싹이네(걀웨 뉴구)"**라고 말씀하신다. "승리자의 싹"은 라마 걀웨 뉴구의 이름의 뜻이다. 자비로운 동기와 실재를 꿰뚫는 지혜를 가지고 있기에, 당신은 다른 중생들을 돕는 이타행을 행한다. 이처럼 다른 중생들을 돕겠다는 이타심에서 비롯된 행이 진리에 대한 지혜와 버무려져 있는 것이 붓다가 될 수 있는 싹이다.

당신은 가장 심오한 의식의 수행을 그 벌거벗은 상태에서 일으켜 그 안에 머무르는 명상을 해야 한다. 이러한 경험에서 비롯된 인식의 방법을 획득했다면, 이 시야 밖에서 명상을 하거나 행을 실천할 필요가 없다. 이 인식의 방법 안에 머물며 수행을 한다면, 다음과 같은 결과를 얻는다고 한다.

• '인식의 방법은 태산처럼 흔들림 없게 된다.'

- '명상은 깊은 바다와 같이 된다.' : 얼마나 큰 파도가, 얼마나 많은 파도가 수면에서 요동친다 하더라도, 그 심연은 꿈쩍도 하지 않는다. 가장 심오한 의식이 무엇인지 배우고, 자신의 경험을 통해 확인했다면, 해와 햇살처럼 근본적인 주의 집중이 그 안에서 솟아날 것이다. 이 경지에 이르면, 당신은 주의 집중을 성취하기 위해 노력할 필요가 없다. 주의 집중은 본래부터 거기에 있던 것이다.

- '행은 형상이 된다.' : 당신이 가장 심오한 의식을 확인하고 그 인식의 방법을 경험했다면, 이 관점으로부터 어떠한 분별 개념이나 대상이 일어난다 하더라도, 그 형상을 쫓아가거나 거기에 휩쓸리지 않고 가장 심오한 의식의 맥락 안에 생생하게 머무를 수 있다. 그리하여 취해야 할 행동과 버려야 할 행동 사이의 구분을 지을 필요가 없게 된다. 성취함과 멈춤, 희망과 두려움 너머에 당신이 있기 때문이다.

만일 수행자로서 당신이 이러한 인식의 방법, 명상 그리고 행을 제대로 잘 수행할 수 있다면, 당신은 이번 생에 불성을 성취할 수 있는 기회를 가진 것이다. 이러한 연유로 린뽀체께서는 **"이번 생에 불성을 성취하는 것은 의심할 바 없다. 설사 그렇지 못**

한다 하더라도 경이로운 안락함. 아하하!"라고 말씀하신다.

그러나 당신이 이번 생에 불성을 성취하지 못한다 하더라도 이타적인 마음과 진리를 꿰뚫는 지혜의 수행을 통해 높은 깨달음의 경지가 공고해져 이번 생 동안 어떠한 나쁜 일이 일어난다 하더라도 흔들리지 않게 될 것이다. 한 가닥 희망이나 두려움에 휘말리지 않을 것이며, 좋지 않은 곳에 처한다 할지라도 그 상황을 자신에게 이익이 되도록 쓸 수 있을 것이다. 이로 인해 세세생생 점점 더 행복해질 것이며, 점점 더 높은 경지를 성취할 수 있을 것이다. 이에 린뽀체께서는 **"그렇지 못한다 하더라도 경이로운 안락함. 아하하!"**라고 말씀하신다. 이번 생에 불성을 성취하지 못한다 할지라도 당신은 놀라울 만큼 행복할 것이다. "아, 얼마나 경이로운가!"

:　　끝맺음

게송을 끝맺으며 빠뚤 린뽀체는 이 수행에 대한 중요한 조언을 남기신다. **"(이 가르침은) 오직 수제자들을 위한 것이며, 심오한 뜻을 내포하고 있다. 마음에서 마음으로의 대화. 이 핵심적인 뜻을,**

그 뜻의 정수를 놓치지 말라! 가르침을 소홀히 하지 말라!"

도둡첸께서는 "깨달음을 성취하는 것은 노력 여하에 달렸다" 라고 말씀하셨다. 우리는 언제나 수행을 게을리하지 말아야 한다. 위대한 것을 행여나 쉽게 혹은 금방 얻을 수 있다는 생각을 버려야 한다.

4부

14 구역파의 대완성 수행의
기본 얼개

이제 대완성 수행에 맞물려 있는 두 가지 주제에 대해서 이야기해 보자. 궁극적인 진리와 세속적인 진리라는 두 가지 진리를 먼저 다룬 뒤 기반, 수행의 단계 그리고 수행의 결과의 세 가지에 대해서 논해 보자.

두 가지
진리

근원적이고 빛나는 청명한 빛의 본성은 모든 마음의 근본 뿌리이다. 이 마음은 금강과 같이 영원하며 불멸한다. 불교에서 청명한 빛의 마음은 영원하다고 여기는데, 그것은 이 마음이 끊임없이 이어진다는 면에서 그렇다는 것이다. 이 마음은 늘 존재하며 영원히 이어지기 때문에 원인과 조건에 부합하여 새롭게 일어나는 것이 없다.

본시本初 청정하며 자발적인 본성을 가진 이 금강심은 모든 정신적 발전의 근원이다. 이 금강심이 수많은 좋은 분별 개념과 갈망, 증오, 혼돈(탐진치)과 같은 나쁜 분별 개념을 일으킨다 하더라도, 이 마음 자체는 이러한 더러움에 물들지 않는다. 구름에 물들지 않는 하늘처럼.

지독히 더러운 물이 있을 수 있지만, 물 자체의 본성은 여전히 깨끗하다. 마찬가지로 어떠한 번뇌 망상이 이 금강심의 장난으로 일어난다 할지라도, 그 번뇌가 아무리 강한 것이라 할지라도, 가장 심오한 의식 그 자체는 오염되지 않는다. 시작도 끝도 없는 좋음 자체이다.

대상에 따라 차별을 하지 않는 사랑과 연민처럼 아주 훌륭한 마음의 자질들 역시 이 금강심의 진면목에서 우러난 것이다. 오직 몇몇 한시적인 특정 조건만이 이 좋은 마음들의 현현을 잠시 가리고 있을 뿐이다. 이러한 면에서 우리는 원래부터 깨달은 존재이며, 모든 면에서 완벽하게 좋은 근본 마음을 가지고 태어난 존재이다.

티베트불교의 구역파, 즉 닝마빠에서는 금강심을 절대적인 진리라고 본다. 닝마빠의 입장에서는 이 절대 진리는 중관학파가 주장하는 것처럼 공성을 깨달은 의식이 관찰하는 대상이 아니다. 닝마빠의 절대 진리는 시작도 없고 끝도 없는, 윤회와 열반의 모든 현상의 그 기저에 있는 청명한 빛의 마음, 가장 심오한 의식이다. 모든 비본질적인 현상들을 넘어서는 것이 절대 진리이다. 이 가장 심오한 의식의 활동, 현현, 발산 또는 조잡한 형태들은 모두 세상에서 통하는 세속적인 진리이다.

신역파에서도 근본적인 마음을 윤회와 열반의 모든 현상의 기반으로 보고 있으며, 이 근본적인 마음을 절대적 진리이며 모든 현상의 진면목이라고 한다. 이 근본적인 마음은 "청명한 빛" 그리고 그 어떤 것으로도 이루어지지 않은 (따라서 소멸하지 않는) "무위無爲"라고 불리기도 한다. 구역파에서는 "금강심"이라고 불린다. 금강심은 가장 심오한 의식^{rig pa}과 마음^{sems}으로 나뉘는 의식들 중 가장 심오한 의식과 대치되지 않는다. 오히려 금강심은 가장 심오한 의식 그 자체이다. 오직 빛남과 앎뿐인 의식의 가장 깊은 부분이며, 모든 마음들의 가장 깊은 뿌리이다. 영원히 소멸하지 않는, 시간에 지배되지 않는 그리고 금강과 같이 절대 끊어지지 않는 의식의 연속이다.

　신역파가 시작도 끝도 없는 청명한 빛의 근본적이고 가장 심오한 마음에 대해서 설명하는 것처럼, 구역파 역시 금강심이 시작도 없으며 끝도 없고, 불성이라는 결과의 상태를 성취하는 데 어떠한 장애도 없다고 한다. 이러한 관점은 붓다의 의식은 절대 끊어짐이 없기 때문에, 붓다의 행은 다함이 없고, 따라서 영원하다고 하는 미륵의《현관장엄론^{現觀莊嚴論}》과 그 궤를 같이한다. 붓다의 고귀한 행이 "영원한 것"이라고 하는 것처럼, 청명한 빛 역시 새로이 만들어진 적 없이 원초적으로, 시작 없는 때부터 끊임 없이 머무르고 있으며, 따라서 영원히 거기에 있다. 청명한 빛의 근본적이고 본래적인 마음 역시 무위인데, 본질적이며 인연에 의해 새로이 태어난 것이 아니라는 점에서 그러하다.

　일반적으로 '무위'라는 용어는 두 가지 다른 방식으로 이해할 수 있다. 즉, 청명한 빛은 원인과 조건들에 의지해서 일어난 것이 '전혀' 아니다. 또한 청명한 빛은 원인과 조건에 기대어 일어난 것이 아니라 원초적으로 있어 온 것이기 때문에 영원히 연속적이다. 이는 맥락 속에서 이해해야만 한다. 예를 들어 몇몇 현명한 학자들은 존재하는 모든 것은 반드시 "이루어진 것, 즉 유위^{有爲}"라고 한다. 이 학자들이 영원한 것은 이루어진 것이 아니며, 원인과 조건에 의해 만들어진 것이 아니기 때문에 존재하지 않는다며 영원한 것, 즉 청명한 빛의 마음의 존재를 부인하는 것은 아니다. 그들이 실제로 하는 말은 영원하든 영원하지 않든, 모든 현상은 생각이 지어내는 바에 따라 일어난다고 하는 것이다. 이러한 관점에서 학자들이 모든 현상이 이루어진 것이라고 하는 것이다.

또한 스스로 일어난 가장 심오한 의식은 의식을 초월한 것이라고, 마음을 넘어선 것이라고 한다. 일어난 것(생), 사라지는 것(멸), 이루어진 것(유위), 어떠한 것으로도 이루어지지 않은 것(무위) 등이 모두 마음의 분별 개념의 집합 안에 포함된다. 따라서 스스로 일어난 가장 심오한 의식은 이러한 현상들을 일으키는 마음을 본질적으로 '넘어선' 것이며, 따라서 언어와 분별 개념에 의해 존재가 설명되는 것 너머에 있다고 하는 것이다. 이것이 가장 심오한 의식이 분별적 사고와 언어적 표현의 한계를 넘어선 것이라고 하는 뜻이다.

⋮   기반, 수행의 단계
그리고 수행의 결과

이제 대완성 수행에 따른 기반, 수행의 단계 그리고 수행의 결과
에 대해 이야기해 보자. 복잡하지만 참고 따라와 주기 바란다.

기반 : 본시始初 청정하고 자발적인 본성

대완성의 수행에 있어 근본적인 얼개는 본시始初 청정하며, 자발
적인 본성을 가지며, 자비로운 실체라는 세 부분으로 되어 있다.

가장 심오한 의식의 '실체'는 근원적으로 청정하며, 시작부터 모든 문제
들이 선천적으로 결여된 것이다. 중관학파의 용어를 빌리자면, 선천적으
로 자성이 결여된 존재이다. 오직 빛나는, 앎의 작용만을 하는 이 본성의
영역 안에서 모든 청정하거나 청정하지 않은 형상들은 모두 이 의식의
자발적 본성의 활동 또는 현현이다. 이렇게 일어나는 현상들의 본질은
자발적인 본성이다. 가장 심오한 의식의 걸림 없는 발산은 자비라고 불
리기도 한다. 그 활동의 결과가 본질적으로 청정한 실체와 금강심의 자
발적 본성에서 일어난 자비로운 행동들이기 때문이다.

본시 청정한 실체이며 자발적이라는 금강심의 두 가지 특징은 근본 또는 기반이며, 중요한 의미를 지닌다. 만일 우리가 구역파의 이러한 종류의 용어를 신역파의 그것과 비교한다면, 구역파의 "본질적 청정"이라는 용어는 신역파의 공성을 그리고 구역파의 자발성이라는 용어는 신역파에서는 형상을 말하는 것이라고 할 수 있다. 따라서 구역파의 체계 안에서 근본은 "본질적 청정과 자발성"이라고 하는 반면, 다른 종파들에서는 근본이 "공성과 형상"인 것이다.

본질적 청정과 공성을 그리고 자발성과 형상을 결부시킬 수 있겠지만, "본질적 청정과 자발성"이라는 용어는 선천적으로 일어나 있는 가장 심오한 의식이 절대적 진리라는 것을 확인한다는 맥락 속에서 그렇게 사용하고 있다는 점을 명심해야 한다. 구역파에서 "절대적 진리"는 독특한 의미를 지니기 때문이다. 특히나 어느 특별한 구역파의 체계에 따르자면, 절대적 진리는 비본질적인 현상의 공함이며, 따라서 이러한 맥락에서 절대적 진리란 "다른 것들의 공함(혹은 타공他空)"이다. 이는 절대적 진리, 즉 본질적인 청정함은 근원적이며 근본적인 청명한 빛의 근본적이고 본래적인 마음인 반면에 세속적인 진리는 그 외의 모든 현상인 것이다. 이 세속적 진리는 절대적 진리와 비교해 볼 때 비본질적이다. 따라서 공성은 이러한 세속적 진리들의 공함이며, 따라서 "다른 것들의 공함"이다.

이처럼 절대적 진리는 그 자체가 자성의 공함과 가장 심오한 의식의 연합이다. 따라서 "본질적인 청정함"이라는 용어가 가장 심오한 의식을 지칭하는 사례들이 있지만, 일반적으로는 이것은 붓다가 두 번째 법륜이라고 불리는 가르침에서 설하셨듯이 자성의 공함을 말하는 것이다.

"자발성"이라는 용어는 세 번째 마지막 법륜의 가르침의 최종 목표와 같다고 할 수 있다. 그러나 이것을 세 번째 법륜에서 온전하게 설법하신 것은 아니다. 이는 오직 무상요가 딴뜨라에서만 완벽하게 가르치셨다. 자발적으로 일어나는 형상은 마지막 세 번째 법륜에서 불성의 가르침을 통해 그려진 것으로, 자발적인 청명한 빛을 일컫는다. 이렇게 "본시始初 청정한 실체"와 "자발성"은 토대이며 근본이다.

본시始初 청정함의 힘 없이는 마음을 더럽히는 것들을 조절하여 종국에는 사라지게 할 수 없을 것이다. 그렇지만 본시始初 청정함의 힘이 있다 하더라도 자발성을 모른다면, 부처가 될 방법이 없다. 따라서 수행도의 기반은 본질적인 청정과 자발성으로 이루어져 있다.

수행의 단계 : 돌파와 도약

수행의 과정은 이 기반, 즉 본질적 청정과 자발성이라는 근본에 근거해서 이루어진다. 본질적 청정의 맥락에서 돌파의 길*을 수행하며, 자발성의 맥락에서 혹은 자발적 형상의 맥락에서 도약의 길**을 수행한다.

근본과 근본의 형상이라는 구분이 지어졌을 때, "본시 청정"과 "자발성"은 윤회와 열반의 모든 현상의 기반인 태초부터 존재한 가장 심오한 의식이며 그 근본의 본모습을 구성한다. 여기서, 수행의 길에 있어 "돌파"라고 하는 수행은 본시 청정의 의미를 고찰하는 명상이며, "도약"이라는 수행은 가장 심오한 의식의 자발성의 맥락에서 가식 없고 조작되지 않은 형상의 수행 단계를 좀 더 약진하도록 하는 명상법이다.

◆ 돌파의 길(khregs chod, 텍쾨)은 "딱딱한 것을 잘라 내다"라는 뜻으로 이분법적 사고를 여읜 발가벗은 의식을 드러냄으로써 분별 개념과 망상을 잘라 내는 수행법이다. 이 돌파의 길은 원초적 청정함(ka dag, 까닥)의 작용으로, 도약의 길(thod rgal, 퇴겔)과 짝을 이루는 수행법이다.

◆◆ 도약의 길(thod rgal, 퇴겔)은 "바로 뛰어넘다"라는 뜻으로 내면의 청명한 빛의 마음, 즉 원초적 청정함을 관하는 돌파의 수행에 이어 외부의 모든 현상 속에 있는 청명한 빛의 마음을 관하는 대완성 수행법이다.

170

수행의 결과 : 안팎의 빛남

돌파와 도약의 수행의 결과가 본시 청정의 내적인 현현인 진리의 법신과 자발성의 외적인 현현인 완전한 기쁨의 보신報身을 구현한다. 본시始初 청정하고 자발적인 기반과 마찬가지로 근본적 청정함과 자발성을 갖추고 있으며, 직접 수행을 할 때에는 돌파와 도약의 수행이 있다. 따라서 돌파와 도약의 수행의 길을 통해 수행의 결과가 드러날 때, 본질적으로 청정한 내적으로 빛나는 법신과 자발적인 외적으로 빛나는 완전한 기쁨의 보신이 현현한다.

본시 청정은 내적으로 진리의 법신으로 떠오른다. 이것은 오직 붓다들만이 가지고 있는 현상에 대한 직접 지각의 경험이지만, 수행자들에게는 직접적으로 일어나지는 않는다. 이는 이 경험이 자기 자신의 행복의 실현이기 때문이다. 따라서 이 경험은 오로지 수행자들의 마음에 내적으로만 현현하지, 외적인 환희로 나타나지는 않는다. 따라서 본시 청정의 경험은 "내적으로 진리의 법신으로 현현하는 본시 청정"이라고 불린다. 실제로 진리의 법신의 하위분류 가운데 하나인 "청정 지혜 법신"은 전적으로 가장 심오한 의식을 중심으로 전개된다.

자발성은 완전한 기쁨의 보신의 형태로 외적으로 나타난다.

자발적 형상에 의지하여 외적 형상이 실제로 다른 사람을 행복하게 해 주는 모습으로 나타난다. 따라서 이러한 모습들은 가끔 수행자들의 마음속에 있는 형상들이 발현한 것이라고도 한다. 자발성에 기반하고 도약의 수행에 의지하여 화신들의 여러 청정한 형상과 청정하지 않은 형상의 활동들이 수행자의 관심과 성향에 따라 외부에 나타난다. 이때, 청정한 형상의 활동이 나타나는 것은 완전한 기쁨의 보신이며, 청정하지 않은 형상의 활동에 따라 나타나는 것은 화신이다.

: '명상'의
특별한 의미

구역파에서 심오한 마음에 대한 '명상'은 마음 그 자체가 마음의 심오한 본성과 하나가 되어 명상 속에서 그 상태를 유지하는 것이지, 어떠한 대상에 대해 명상하는 방식이 아니다. 이 심오한 마음이 그 자체를 확인했을 때, 그 순간 바로 현현한다. 이 심오한 마음의 실체에 접촉하고 확인하기 전에, 돌파의 수행을 통해 어떠한 마음이 일어나는지, 어디에 머무는지, 어디로 가는지 등을 살펴봄으로써 마음의 자성이 공하다는 것을 이미 확실히 알고 있기 때문에, 자성이 공한 것으로 이해한 마음이 떠오른다.

이 명상은 자성의 부재에 집중하는 것 이상을 수행하는 것이기는 하지만, 이는 형상과 공성의 조합의 명상법과는 다른 것이다. 형상과 공성의 조합은 "환영과 같은 형상"이라고 불리는 것으로 대상의 형상이기도 한 자성을 부정하는 것인데, 이 명상은 거친 의식의 수위에 대한 명상이다. 우리가 지금 논의하는 명상은 보다 미세한 의식과 함께하는 명상이다. 가장 심오한 의식에 점점 더 익숙해지면서, 복잡한 분별 개념들이 차츰 사그라지고 의식은 점점 더 미세해지고 청명한 빛이 완전히 현현한다.

신역파들도 청명한 빛이 현현할 때, 자성의 공함이 드러난다고 한다. 신역파 중 겔룩빠의 15세기 학자이자 빼어난 수행자인 놀상 갸초◆(1423~1513)는 청명한 빛의 마음이 수행을 하지 않은 보통 사람에게도 사망 시에 떠오르지만, 그들은 이 빛의 마음을 제대로 확인할 수 없다고 한다. 모든 중생은 심지어 벌레라 할지라도 죽을 때 거친 이분법적 형상이 사라진다. 그러나 이 분별 형상의 소멸은 자성의 형상 또는 세속적인 형상들이 소멸하

◆ 1대 달라이라마의 제자이자 2대 달라이라마의 스승이다.

는 것이 아니라 단지 거친 세속적인 형상만이 사라지는 것이다.

죽음의 청명한 빛이 떠오르는 순간에, 공성이 떠오르지만, 죽음에 이른 사람이 상당한 경지에 이른 수행자가 아닌 한 그 빛을 확인할 수 없다. 자성이라는 장애를 제거함으로써 드러나는 청명한 빛이 아니기 때문이다.♦ 그러나 마음이 그 자체를 알아보고, 공성을 제대로 아는 사람이 그렇게 했을 때, 이분법적 형상은 사라지게 되고, 따라서 이 마음이 공성과 다른 실체가 아니라는 사실에 한 터럭의 의심도 없게 된다. 따라서 이분법적 형상이 공성으로 소멸하는 것을 완전히 깨달을 수 있다.

♦ 어머니 청명한 빛과 자식 청명한 빛의 만남은 현생에 깨달은 청명한 빛의 마음, 즉 방편과 지혜의 수행을 통해 자성이라는 무지한 의식을 제거함으로써 일어나는 것이다. 따라서 수행을 통하지 않고 때가 돼서 일어나는 청명한 빛은 인지할 수 없을뿐더러 인지한다 하더라도 큰 도움이 되지 않는다.

: 　　분별 개념의
　　　점차적 감소

대완성의 체계에 따르면, 수행자가 미세한 마음과 함께 공성과 형상의 조합의 명상, 즉 근본심의 공함을 갖췄지만 형상인 것과 자성의 공함을 이해하는 이 근본 마음의 조합의 수행이 발전할수록, 끊임없이 증가하던 분별 개념의 형상이 차츰차츰 가장 심오한 의식의 영역 속으로 사라진다. 그리고 그와 동시에 가장 미세한 청명한 빛이 현현하도록 차츰 자리를 내준다. 따라서 신역파가 설명하는 공성에 대한 견해를 닦는 모든 요소들이 대완성의 명상 속에 담겨 있다는 것은 분명하다.

: 　　모든 의식 속에서
　　　청명한 빛의 마음을 확인하기

신역파의 입장에서 볼 때, 시각, 청각, 후각, 미각, 촉각 그리고 의식이라는 여섯 가지 의식이 활동하고 있는 가운데 근본적이고 본래적인 청명한 빛의 마음을 구현하는 것은 불가능하다. 신역파에 따르면 모든 거친 의식들을 소멸시키며, 즉 마치 무기력한 것처럼 만들어야만 근본 마음이 발가벗은 채로 드러난다. 신역파에 따르면 거친 의식과 미세한 의식이 동시에 드러나는 것은 불가능하다.

그 반면에 구역파 대완성의 사상을 따르자면 여섯 가지 의식을 중단시키지 않고서도 청명한 빛을 현현시키는 것이 가능하다. 심지어 그 본성과 관계없이 좋고 나쁨이라는 분별 개념을 덮어씌운 대상을 마주해서 번뇌가 일어났을 때에도, 번뇌 그 자체가 오직 빛남과 앎뿐인 실재의 본성을 가지고 있다고 하는 것이다. 청명한 빛의 마음이 오직 빛남과 앎뿐인 실재로서 마음의 보편적인 특징이기 때문에, 청명한 빛의 보편적 요소는 욕심 또는 미움과 같은 어떠한 조잡한 번뇌의 마음 한가운데에서도 찾아낼 수 있다.

도둡첸께서 말씀하셨듯, 오직 빛남과 앎뿐인 것이 모든 의식에 공통적으로 존재하며, 따라서 여섯 의식의 활동을 멈추지 않은 채로 강한 번뇌심이 일어나고 있는 동안에도 찾아낼 수 있다. 따라서 구역파와 신역파들 사이의 차이는 대완성의 수행에서는 가장 심오한 의식을 확인하는 수행을 시작할 때 여섯 의식의 활동을 멈출 필요가 없다는 것이다. 의식의 활동을 멈추는 대신,

수행자는 거친 의식들을 있는 그대로 놓아둔 그 상태에서 청명한 빛을 확인한다.

따라서 현상에 잘못 덮어씌우는 부적절한 마음의 활동을 일으킬 조건들이 쇠약해지면서, 분별 개념이 사실상 시작할 수 없게 되고, 이에 따라 그 영향력이 점점 줄어들게 된다. 이러한 방식으로 대완성 수행의 사상은 가장 심오한 의식에 대한 가르침을 받고 그 의식을 제대로 인식할 수 있는 사람을 위해 특별한 방식의 인식의 방법, 명상 그리고 행을 제시한다.

15   조언

우리가 내적인 발전을 위해 노력할 때, 큰 성취를 얻는 것은 무척 힘들고, 단시간에 얻기란 거의 불가능하다. 따라서 수행을 시작할 때 큰 기대를 하지 말아야 한다. 인내와 큰 결심을 가지고 한다면 시간이 지나고 해가 넘어가면서 내적인 발전이 이루어질 것이다. 한 티베트 라마는 이렇게 말씀하신다. "언뜻 보기에는 나 같은 사람은 이런 것들을 이룰 수 없다는 생각이 들 것이다. 그러나 모든 이루어진 것은 그대로 있을 수 없다. 이들은 조건에 따라 변하기 마련이다." 만일 우리가 지치지 않고 끊임없이 노력한다면 백 년이 지나도 이룰 수 없을 것처럼 보이던 것도 어느 날 성취할 수 있다.

의지와 결단이 매우 중요하다. 또한 우리가 내적인 계발을 수행하고 있을 때, 윤리적 원칙들에 따라 일상을 사는 것이 우리들 자신과 사회의 이익에 긴요하다. 어떤 사람들은 이 수행법이 비실용적이고 비현실적이라고 생각할 수도 있겠다. 그러나 호랑이나 사자와 같은 야생동물도 인내를 가지고 대하면 길들일 수 있다. 하물며 뛰어난 머리와 잠재력을 지닌 사람이야 더 말할 나위가 있겠는가? 만일 우리가 이러한 수행법을 직접 실천해 본다면 마음을 길들일 수 있다는 것을 느낄 수 있으며 경험적으로 알게 될 것이다. 만일 쉽게 화를 내는 사람이 분노를 조절하려고 노력하면 조만간에 그렇게 할 수 있을 것이다. 매우 이기적인 사람의 경우도 마찬가지다. 우선 그의 이기적 동기가 잘못된 것이라는 점과 덜 이기적일 때 오는 이익을 알아차려야만 한다. 이것을 깨달았을 때, 그는 그 속에서 이 비생산적인 이기심을 조절하고 좋은 면을 계발하도록 노력할 수 있다. 일상 속에서 이러한 수행을 할 때, 점차 굉장히 효과적이고 가치 있는 것이 될 것이다.

당신의 마음이 길들여 있는지 아닌지를 알고 싶다면 당신의 행동이 어떠한지를 보면 된다. 당신 자신이 목격자이다. 세상에는 두 종류의 목격자가 있다. 당신과 다른 사람들. 내적인 계발의 입장에서 본다면, 당신 자신이라는 목격자가 더 중요하다. 예를 들어, 만일 사랑 등의 불교의 가르침을 수행한다고 말하는 사람들이 선하고 합리적인 삶을 살고 있다면, 이는 이 수행이 얼마나 가치 있는지를 다른 사람들에게 가르쳐 주는 좋은 본보기가 될 것이다. 입으로는 수행하는 척하면서 삶을 사는 방식은 좋지 않고 합리적이지도 않은 사람은 악업을 쌓을 뿐 아니라 그 가르침까지도 욕보이는 것이다. 따라서 양심적인 것이 중요하다. 이것이 내가 당부하는 바이다.

인간으로 태어나서 우리는 우리의 한시적인 목표와 장기적인 목표를 쉽게 성취할 수 있도록 우리를 물질적으로 뒷받침해 주는 체계 속에 살아왔다. 이 세상에서 우리가 수많은 다양한 생명체의 양상 가운데 특히나 인간이라는 수승한 몸을 받았기 때문에 이 기회를 저버려서는 안 된다. 만일 다음 생에 오직 우리만 내생에 좋은 삶을 받기 위해서 수행을 한다면, 우리가 가지고 있는 잠재력을 완전히 발휘하는 것이 아니다. 또는 우리가 얼기설기 얽혀 있는 괴로움으로부터 우리 자신만을 자유롭게 하기 위해 노력한다면, 이 역시 우리의 본래적인 가능성을 낭비하는 것이다. 인간으로서 우리는 완벽하고 온전한 정신적 계발을 위해 최선을 다해야 한다. 그리하여 다른 이들의 최대의 행복을 위해 도움이 되어야 한다. 그렇지 않으면 최소한 '어제보다' 조금 더 친절해지도록 노력해야 한다.

부록

핵심을 꿰뚫는
세 개의 열쇠

_자 빠뚤 직메 최끼 왕뽀

빠뚤 린뽀체의 시 제목의 전문은《현명하고 영광스러운 군주의

수승함 : 핵심을 꿰뚫는 세 개의 열쇠》이다.

라마들께 귀의합니다.

인식의 방식은 무수히 광활한 공간이네(롱첸 랍잠).

명상은 지혜와 자비의 빛들이네(켄쩨 외셀).

행[#]은 승리자의 싹이네(걀웨 뉴구).

이처럼 수행하는 이들이

이번 생에 불성을 성취하는 것은 의심할 바 없다.

설사 그렇지 못한다 하더라도 경이로운 안락함. 아하하!

I.

첫째, 그대의 마음을 내려놓는다.

일으키지도, 거둬들이지도 않으며 분별하지도 않는다.

이 모두 내려놓은 몰입의 상태에서,

갑자기 팟phat을 세게 외쳐 의식을 일깨운다,

강렬하고, 격렬하고, 짧게. 에마호!

그 어떤 것도 경이롭지 않은 것이 없다.

경이로움, 걸림 없는 꿰뚫음.

걸림 없는 꿰뚫음, 언어로는 표현 불가능한.

법신의 가장 심오한 의식을 확인한다.

이 (법신의) 실체는 그대 안에 있으니, 이것이 첫 번째 핵심이다.

II.

이제, 밖으로 펼치든 안에 머물든,

화가 나든, 욕심이 나든, 행복하든, 슬프든,

매 순간 어떤 경우에도

이전에 인식한 청정한 지혜 법신을 알아볼 수 있다.

이미 (청정 지혜 법신을) 아는 이들에게는, 어머니 청명한 빛과

자식 청명한 빛들의 만남이 있다.

말로는 표현할 수 없는 그 가장 심오한 의식 안에 (자신의) 근본을 세운다.

자재함, 기쁨, 빛남 그리고 즐거움은 거듭거듭 무너뜨려야 한다.

방편과 지혜의 음절을 갑자기 떨어뜨린다.

명상을 하는 동안과 명상을 하지 않는 동안이 다르지 않다.

끊임없이 그 무차별의 상태에 머물라.

명상과 명상 사이가 다르지 않다.

그러나 마음의 자재함을 달성할 때까지는,

세상의 즐거움을 떠난 명상이 매우 중요하다.

정해 놓은 시간에 따라 수행을 한다.

언제나 어떤 경우에나,

이 진리의 법신의 마음을 유지하라.

이것 이외에는 그 어떤 것도 중요하지 않다고 굳게 결정한다.

오직 이 진리의 법신만이 중요하다는 단호한 결심, 이것이 두 번째 정수이다.

Ⅲ.

이번에는 모든 욕망과 증오, 쾌락과 고통

그리고 모든 우연히 일어난 분별 개념들의 진면목에 대한 앎 속에 이들은 더 이상 존재할 수 없다.

자유의 길인 진리의 법신을 확인함으로써,

이들은 마치 물 위에 쓴 글처럼 된다.

걸림 없는 스스로 현현함과 스스로 자유로워짐 속에서는

그 어떤 것이 떠오른다 하더라도 발가벗은 공성의 의식의 영양분이다.

그 어떤 것이 동요한다 하더라도

스스로 흔적 없이 청정하게 하는 진리의 법신의 활동이다. 아하하!

이들이 떠오르는 방식은 이전과 같지만,

자유로워지는 방식은 현격히 다르다.

이것이 없는 명상은 잘못된 길이다.

이것을 가지고 있는 이들은 명상 없이도 진리의 법신 안에 있다.

확신은 자유에 기반을 둔다. 이것이 세 번째 정수이다.

세 개의 정수로 장엄한 이 인식의 방식은

최상의 지혜와 자비로 얽힌 명상 수행과

승리자의 자손의 일상의 수행이 뒷받침해 주며, 또한 (그 수행을) 도와준다.

심지어 (과거, 현재, 미래의) 삼시에 승리자께서 머무르시면서,

조언을 하신다 하더라도,

이보다 뛰어난 길잡이는 없을 것이다.

가장 심오한 의식의 심연에서 진리의 법신이라는 보물을

찾아내는 자는 광대한 지혜의 바다에 숨겨져 있던

이 귀중한 것을 끌어올린다.

땅과 돌덩이에서 찾아낸 것은 이와 다르다.

이것이 가랍 도르지의 마지막 가르침이며,

세 전승의 정수이다.

(이 가르침은) 오직 수제자들을 위한 것이며,

심오한 뜻을 내포하고 있다.

마음에서 마음으로의 대화.

이 핵심적인 뜻을, 그 뜻의 정수를 놓치지 말라!

가르침을 소홀히 하지 말라!

H. H. the Dalai Lama. *Becoming Enlightened*. Translated and edited by Jeffrey Hopkins. New York: Atria Books, 2009.

――――. *Dzogchen: Heart Essence of the Great Perfection*. Translated by Geshe Thupten Jinpa and Richard Barron (Chökyi Nyima) and edited by Patrick Gaffney. Ithaca, N.Y.: Snow Lion Publications, 2004.

――――. *How to Be Compassionate: A Handbook for Creating Inner Peace and a Happier World*. Translated and edited by Jeffrey Hopkins. New York: Atria Books, 2011.

――――. *How to Expand Love: Widening the Circle of Loving Relationships*. Translated and edited by Jeffrey Hopkins. New York: Atria Books, 2005.

――――. *How to Practice: The Way to a Meaningful Life*. Translated and edited by Jeffrey Hopkins. New York: Atria Books, 2002.

――――. *How to See Yourself as You Really Are*. Translated and edited by Jeffrey Hopkins. New York: Atria Books, 2006.

————. *Kindness, Clarity, and Insight*. Translated and edited by Jeffrey Hopkins; coedited by Elizabeth Napper. Ithaca, N.Y.: Snow Lion Publications, 1984. Revised edition, 2006.

————. *The Meaning of Life: Buddhist Perspectives on Cause and Effect*. Translated and edited by Jeffrey Hopkins. Boston: Wisdom Publications, 2000.

————. *Mind of Clear Light: Advice on Living Well and Dying Consciously*. Translated and edited by Jeffrey Hopkins. New York: Atria Books, 2003. Previously published in hardcover as Advice on Dying.

Hopkins, Jeffrey, *Mi-pam-gya-tsho's Primordial Enlightenment: The Nyingma View of Luminosity and Emptiness, Analysis of Fundamental Mind*. With oral commentary by Khetsun Sangpo. Dyke, Va.: UMA Institute for Tibetan Studies, 2015. uma-tibet.org.

————. *Nagarjuna's Precious Garland: Buddhist Advice for Living and Liberation*. Ithaca, N.Y.: Snow Lion Publications, 1998.

————. *A Truthful Heart: Buddhist Practices for Connecting with Others*. Ithaca, N.Y.: Snow Lion Publications, 2008.

Khetsun Sangpo Rinpoche. *Tantric Practice in Nyingma*. Translated and edited by Jeffrey Hopkins; coedited by Ann Carolyn Klein. Ithaca, N.Y.: Snow Lion Publications, 1983.

Mi-pam-gya-tsho. *Fundamental Mind: The Nyngma View of the Great Completeness*. With practical commentary by Khetsun Sangpo Rinbochay. Translated and edited by Jeffrey Hopkins. Ithaca, N.Y.: Snow Lion Publications, 2006.

Rinchen, Geshe Sonam, and Ruth Sonam. *Yogic Deeds of Bodhisattvas: Gyel-tsap on Āryadeva's Four Hundred.* Ithaca, N.Y.: Snow Lion Publications, 1994.

Tsong-kha-pa. *The Great Treatise on the Stages of the Path to Enlightenment.* 3 vols. Translated and edited by Joshua W. C. Cutler and Guy Newland. Ithaca, N.Y.: Snow Lion Publications, 2000-2004.

Wallace, Vesna A., and B. Alan Wallace. *A Guide to the Bodhisattva Way of Life.* Ithaca, N.Y.: Snow Lion Publications, 1997.

"살아 계신 가장 뛰어난 대완성 수행자 가운데 한 분인 달라이라마 성하께서 이 대완성 수행의 전통의 가장 심오한 논서 가운데 하나를 설명하신 책이다. 그리고 이 가르침을 뛰어난 티베트 학자 중 한 명인 버지니아대학교 명예교수 제프리 홉킨스가 번역했다. 이보다 더 나을 수 있겠는가!"

– 《The Buddha's Doctrine and the Nine Vehicles》의 저자,
호세 카베종(산타바바라대학교 교수)

"티베트불교가 종파 불교일 뿐이라는 억지 주장도 있다. 그렇지만, 사실상 여러 티베트 불교 전통들은 아주 오랫동안 상호 영향을 주고받으며 서로의 발전을 고무해 왔다. 400년 넘게 달라이라마들이 연구하고 수행해 온 가장 명망 높은 수행법들 가운데 하나가 대완성의 수행이다. 이 전통이 오늘날에도 계승되고 있다는 것을 이 책이 여실히 보여주고 있다."

- 《From Stone to Flesh: A Short History of the Buddha》의 저자,
도널드 로페즈 주니어(미시간대학교 교수)

달라이 라마, 명상을 말하다

THE HEART OF MEDITATION : DISCOVERING INNERMOST AWARENESS

초판 1쇄 발행 2017년 8월 31일

지은이 달라이 라마
편역자 제프리 홉킨스
옮긴이 이종복

펴낸이 오세룡
편 집 전태영 유나리 박성화 손미숙
기 획 최은영 곽은영 김희재
디자인 [★]규
　　　　 고혜정 김효선 장혜정
홍보·마케팅 이주하
펴낸곳 담앤북스
　　　　 서울특별시 종로구 새문안로 3길 23 경희궁의 아침 4단지 805호
　　　　 대표전화 02) 765-1251 **전송** 02) 764-1251 **전자우편** damnbooks@hanmail.net
　　　　 출판등록 제300-2011-115호

ISBN 979-11-6201-002-0 (03220)

정가 15,000원